UN216896

ごじゃの一分《いちぶん》

竹中武　最後の任侠ヤクザ

牧村康正

講談社

(兵庫県警昭和59年資料より)

竹中正久

若頭

- 豪友会 中山 勝正会長(高知)

若頭補佐

- 【本部長】岸本組(神戸) 岸本 才三組長
- 一心会(大阪) 桂木 正夫会長
- 五代目角定一家(福島) 木村 茂夫総長
- 嘉陽組(大阪) 嘉陽 宗輝組長
- 宅見組(大阪) 宅見 勝組長
- 二代目山健組(神戸) 渡辺 芳則組長

直系若衆

- 二代目梶原組(神戸) 仲田喜志登組長
- 山崎組(京都) 山崎 正組長
- 西脇組(神戸) 西脇 和美組長
- 安達組(島根) 安達 晴信組長
- 中谷組(岐阜) 中谷 利明組長
- 小田組(鳥取) 小田 丞組長
- 井上組(三重) 井上 治幸組長
- 三代目小天竜組(徳島) 新居 良孝組長
- 羽根組(神戸) 羽根 悪美組長
- 二代目吉川組(大阪) 野上 哲男組長
- 名神会(名古屋) 石川 尚会長
- 南 組(大阪) 南 力組長
- 玉地組(大阪) 玉地 健治組長
- 堀内組(大阪) 堀内伊佐美組長
- 稲葉一家(大分) 稲葉 実総長
- 近藤組(岐阜) 近藤 慶文組長
- 足立会(岐阜) 足立 哲雄会長
- 川合組(岐阜) 川合 康允組長
- 雄心会(岐阜) 後藤 昭夫会長
- 則竹組(岐阜) 則竹 武由組長
- 坂廣組(岐阜) 坂井 廣組長
- 二代目野田組(岐阜) 本田 健二組長
- 古川組(尼崎) 古川 雅章組長
- 松野組(伊丹) 松野 順一組長
- 勝野組(大阪) 勝野 重信組長
- 近松組(長野) 近松 博好組長
- 藤和会(大阪) 木村 忠雄会長

新しく直系若衆になったメンバー

- 竹中組 竹中武
- 地蔵組 地蔵吉一
- 英 組 英 五郎
- 早野会 田井力造
- 浅川一家 浅川一實
- 倉本組 倉本広文
- 一力一家 青野哲也
- 鍛冶町一家 野沢義光
- 下垂一家 滝澤 孝
- 黒誠会 前田和男
- 美尾組 美尾尚利
- 弘道会 司 忍
- 盛政連合 盛政之助
- 松山組 松山政雄
- 山田組 山田輝雄

四代目山口組組織図

組長

舎弟頭

中西組	中西　一男組長	（大阪）

舎弟頭補佐

益田組	益田　佳於組長	（横浜）
大平組	大平　一雄組長	（尼崎）
小西一家	小西　音松総長	（神戸）
伊豆組	伊豆　健児組長	（福岡）

舎弟

益田（啓）組	益田　啓助組長	（名古屋）
杉組	杉　重夫組長	（名古屋）
小野組	小野　新治組長	（神戸）
織田組	織田　譲二組長	（大阪）
二代目森川組	矢嶋　長次組長	（今治）
長谷組	長谷　一雄組長	（大阪）
加藤組	加藤　次男組長	（大阪）
熊本組	熊本　親組長	（岡山）
若林組	若林　暲組長	（高松）
心腹会	尾崎　彰春会長	（徳島）
神田組	神田　幸松組長	（姫路）
桜井組	桜井　隆之組長	（西宮）
一会	野澤儀太郎会長	（大阪）
金田組	金田　三俊組長	（大阪）
章友会	石田　章六会長	（大阪）
真鍋組	真鍋　展朗組長	（大阪）
川崎組	川崎　護組長	（大阪）
大石組	大石　誉夫組長	（岡山）

装幀　岡 孝治
カバー写真提供　村上劇画プロ

ごじゃの一《いち》分《ぶん》

竹中武

最後の任侠ヤクザ

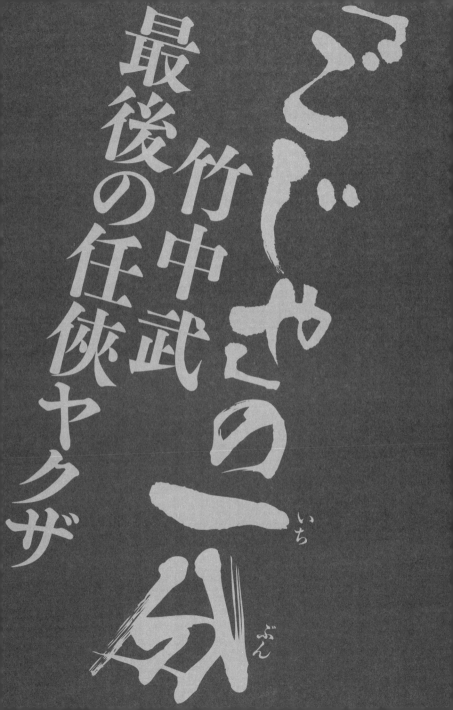

序章

「男で死にたい」

仏壇の前で仁王立ちする竹中武

竹中武《たけし》、享年六四。実兄の四代目山口組組長・竹中正久《まさひさ》に「ヤクザとしての器量は武の方が上」と言わしめた男である。

時代に抗《あらが》い、豊かさより強さを追い求めた武は、やがて山口組と戦い、傷つき、そしてついに敗れなかった。

長い攻防の果てに、思いがけず武の命を奪ったのは、銃弾ではなく病魔だった。それは武にとって非業《ひごう》の死だったのか、それとも兄・正久とともに抱いた「男で死にたい」の願いを成就したのか――。

竹中武は、日本人が好ましいと感じるヤクザの条件を多くの点で満たしていた。すなわち喧嘩が強く、長い物に巻かれず、筋を通し、堅気《かたぎ》に優しかった。おまけに金儲けが下手で、出世に無欲だった。また他人の揉め事を解決するため、見返りも求めずに進んで体を張るほど、世話好きで面倒見がよかった。

裏社会に精通し、二〇年以上にわたって武を取材したジャーナリスト・溝口敦は次のように語る。

「とにもかくにも堅気を泣かさない、ということを武さんは一番に考えていた。たまたま僕が姫路で武さんを取材中にパチンコ屋の夫婦が訪ねてきて、あれやこれや武さんに相談を持ちかけたんですよ。話が済んで『月々いくら納めたらよろしいでしょうか』と夫婦が聞いたんだけど、武さんは『そんなもんはいらんよ』と即座に言った。

僕が同席していたから格好をつけてんのかなとも思ったし、当時の竹中組は飛ぶ鳥を落とす勢いだったから、細かい金は問題にしていなかったのかもしれない。だけど、とりあえず武さんは真顔で『金はいらんよ』と断った。夫婦はまごついていたけどね。そんなふうに堅気を泣かせまいとはしていた」

武は周囲がもどかしく思うほど、堅気からもヤクザからも金を受け取らなかった。やせ我慢を通した結果でもあり、金に流されるヤクザは真の強者であり得ない、という信念の表れでもあった。そのくせ武は喧嘩（抗争）と博打に財産をつぎ込み、「見てみいや、立派な親分で銭残して死んだ者がおるかい」（武の証言より、以下同）という自らの処世訓に従い、きっぱり金を残さなかった。

さらに溝口の話を続ける。

「ヤクザ対ヤクザの話になれば、危急存亡の場において、自分がいかに恐怖することなしに敵地に乗り込み、鮮やかに事態を解決し、後ろから襲われる危険を覚悟しながら、その場を格好よく引き上げる。――そういうことに美意識を満足させられるところが武さんにはあった訳ですよ。ヤクザ映画と一緒です。

　そりゃあ武さんなりに格好をつけ過ぎるところもあっただろうし、そういう生き方を貫くのは厳しい時もあったと思うけど、生涯自慢になるエピソードは一つや二つじゃないでしょう」

　いかにも武の行動原理はヤクザ映画に通じる。ただし武は正統派のヒーローのように礼儀正しく、謙虚で我慢強く、言動や振る舞いが洗練されていた訳ではない。むしろ目上を目上とも思わず、瞬時に頭に血を上《のぼ》らせ、荒々しく本音をぶつけた。では武のどこがヤクザ映画に通じるのかと言えば、一九六〇年代に鶴田浩二や高倉健が演じた主人公と同様「古いヤクザ」、あるいは「時代遅れのヤクザ」だったのである。武はそのことを自覚し、「こんな生き方しかでけへんのや」と自嘲気味に語ることもあったが、それは自らの誇りと相半ばする言葉だった。つまり武は「新しいヤクザ」にも、「時代を先取りするヤクザ」にもなりたくなかったのである。ヤクザはヤクザの流儀に従って「渋い仕事」をしてこそヤクザであると信じ、とりわけ金を万能の武器と考えるような現代的ヤクザを認めなかった。

　一例を挙げれば、トップクラスの経済ヤクザだった宅見勝《まさる》（五代目山口組若頭《わかがしら》）について、武は次のように語っている。

「そら無茶やもん、宅見らのしよることは。（儀式で）盃の横にローレックスの時計の箱を置いてやな、ローレックス付きの盃や。みな（時計を）もろうとるもん。銭に負けてもうてるわな。銭で女を買うゆうのはわかるけど、男に銭出して若い衆になってもらってどないするねん」

この発言の時点で宅見はすでに死去していたが、山口組四代目時代の終焉と五代目時代の幕開けは、武と宅見という二人の対照的なヤクザが決定づけることになる。つまり「何者にも従属しない強い山口組」を目指す武と、「社会に溶け込む豊かな山口組」を目指す宅見の両者が、五代目争いの中心人物だったのである。そして持ち前の強運で五代目の座を得る渡辺芳則（五代目山口組組長）は、この二人とはまた異質な、ゆとり世代型のシンデレラボーイだった。

竹中武は周知の通り四代目山口組組長・竹中正久の実弟である。武は物心ついた頃から一〇歳年上の正久を手本とし、その背中を追い続けた。喧嘩がめっぽう強かった正久は若くして頭領の器の片鱗を見せ、姫路で愚連隊のリーダー格に納まる。しかし世渡りは下手でシノギ（資金稼ぎ）も苦手だった。武は英男、正《まさし》（通称・マーシ）らの兄弟とともに正久を全力で助け、盛り上げた。正久も武の意見を重く受け止め、二人は血肉を分けた同志ともいうべき関係にあった。

果たして正久は昭和五九（一九八四）年七月、日本最大のヤクザ組織である山口組の四代目組長を襲名する。武の労は十分過ぎるほど報われたと言っていい。

だが武はこの結果をもって「めでたし、めでたし」とはしていなかった。現に正久の四代目就任には反対だったし、正久の盃を飲んで山口組直系組長（直参《じきさん》）になるかどうかさえためらったと語っている。願っても得られない兄の大出世を武はなぜ素直に喜ばなかったのか。そしてなぜ直系昇格を渋ったのか。詳しくは後述するが、このあたりが武の真骨頂である。

武の人生を大きく変えたのは、昭和六〇（一九八五）年一月二六日に起きた四代目暗殺事件（一・二六事件）だった。正久は、四代目継承争いの余波で山口組を割って出た一和《いちわ》会のヒットマンに襲われ、序列ナンバーツーの若頭・中山勝正、ボディーガード・南力《つとむ》もろとも射殺される。

武は即座に報復を決意した。狙うべきは一和会の総大将・山本広《ひろし》（通称・山広《やまひろ》）の命以外には考えられない。武は一切の妥協を許さず、奇策とも言えるほど大胆な襲撃を画策し、警察の庇護《ひご》下にあった山本広の命取《たま》りに固執する。ただし、肉親が殺されたゆえの私怨の復讐という見方を武は否定した。山本広はあくまでも山口組当代《とうだい》（現役組長）の敵《かたき》である。それゆえに、どんな手を使ってでも討ち取らなければヤクザとして怠慢であり、名折れであると確信していた。

武は武闘派の急先鋒と見なされていたが、暴力の絶対的な信奉者とは言えない。いわば強硬な筋論者であり、暴力は筋を通すための手段と割り切っていた。その意味では同じ武闘派とはいえ、たとえば弱肉強食に徹する「殺しの軍団・柳川組」を率いた柳川次郎とは大きく違うし、「問答無用」の感が強い中野太郎（中野会会長）とも違う。さらに言えば、覇権主義を貫くために死ぬまで暴力を手放さなかった田岡一雄（三代目山口組組長）とも一線を画している。

武はヤクザになじみ深い「義理」「人情」「任侠」といった言葉をまず使わなかったが、「筋」と「ケジメ」は頻繁に口にした。山本広を狙い続ける理由も、彼がヤクザとしての筋を曲げ、ケジメを付けないからだと断言していた。ちなみに武が重視していた「ケジメ」の語源は、囲碁用語の「けち（結・闕）」に由来するとの説がある。これは対局の終盤で双方が空いた盤面を詰め寄せていくことを意味する。緻密《ちみつ》で理屈好きだった武の思考パターンに重なる。それゆえに武は後年、ほぼ戦闘力を失いながらも、五代目政権下で最大の懸案事項だった中野会問題を解決に導き、その理詰めの交渉手腕は大いに頼りにされた。

一・二六事件以降、当初は一和会への徹底報復で団結する山口組だったが、暴力団新法提出を示唆する警察の圧力と、山一抗争（山口組―一和会抗争）の拡大を嫌う稲川会など、ヤクザ業界の世論に押されて結束は揺らぎ始める。山口組内部では五代目継承争いも絡み、筋論を盾に報復続行を主張する武と、抗争終結派の対立は深まっていった。

　この時、武と対局の位置にいたのが宅見勝である。宅見はすでに若頭補佐という最高幹部の地位にいたが、金と出世に対するハングリーさ、およびその二つを同時に手に入れる才覚は図抜けていた。合理主義者の宅見から見れば、武の筋論はむしろ危険なヤクザ原理主義と映ったはずである。もちろん宅見もヤクザである以上、筋論を即座に否定はできなかったろうが、後日、溝口の取材に「武は単なる馬鹿なだけやないか」と言い切ったという（ただし、双方を知る実業家は、「宅見は武を終生恐れていた」と証言する）。

　宅見はキングメーカーとしても用意周到に動き、射殺された中山若頭の後任に、自分より五歳年下の山健組組長・渡辺芳則を就ける工作に成功していた。次にいよいよ渡辺を五代目の座に押し上げようと動き出した時点で宅見の目障りになったのは、対抗馬である組長代行・中西一男の存在以上に、武の存在であった。武は五代目選びより一和会への報復を先行すべきと主張して譲らず、その発言は四代目の実弟として絶対的な重みがあった。そして武の若頭補佐昇格が内定した頃から、宅見は武の追い出しに本腰を入れる。武は五代目の座に色気を示さなかったが、宅見にすれば万一その気になられたら厄介な相手である。宅見は短期間で最高幹部にまで伸《の》し上がった経験から、金と気配り、そして恫喝《どうかつ》による人心掌握術に自信を深めていた。だがヤクザの化石とも言えそうな武の剛直ぶりに、宅見流は簡単に通用しなかった。

そこで宅見は外堀を埋めにかかる。「寝業師《ねわざし》の宅見」（元捜査員）が念入りに張り巡らせた武への包囲網は徐々にせばめられ、ついに武は山口組を離脱せざるを得なくなる。こと政略面では、宅見が武より一枚も二枚も上回っていた。かたや渡辺は柔軟過ぎるほど宅見の意向を受け入れ、ついには発言権まで譲り渡してしまうが、それでも素直に人生最大の好機と捉えて山口組五代目を襲名した。


武の山口組離脱を機に、武と宅見の明暗はくっきり分かれる。宅見は渡辺五代目政権を実現させ、自らは若頭の座を得ると同時に、業界を代表する大物経済ヤクザとして名を馳《は》せていく。

一方、武は山口組の攻撃に孤立無援の戦いを強いられ、その間、竹中組組員の大量離脱を招く。しかし武にすれば、シノギに直結する山口組の代紋を捨てた以上、こうした事態は半ば想定済みだった。さらに武は、山口組離脱に反対する組員が自分の方針に従う必要はないとも考えていた。枝《えだ》（直参以外）の若い衆はもちろんのこと、直参であっても去る者は追わず、離脱を責めもしなかった。かえって必要があれば他組織への移籍を後押しすることさえした。

武が鍛え上げた竹中組の組員たちは移籍先に歓迎された。宅見も熱心に幹部クラスを拾い、なかには宅見組最高幹部の座を用意された者もいる。マスコミは竹中組組員の大量離脱を「任俠精神の崩壊」と報じ、現場の警察官さえ嘆かせたが、むしろ武はヤクザの現実を冷めた目で見ていた。

武の最期を看取るまで付き従った元竹中組組員・木山修造（仮名）はこう語っている。

「（竹中組を）出て行った方が得やったんか、残って得やったんか、これはいまだに自分でもわかりません。自分は意地を通したつもりですけど。

この間も加藤総長（住吉会幸平一家・加藤英幸総長）とお会いした時に、山口組の人が何人かいてはりまして、総長が『木山さんは竹中の親分に最後まで付いていた人ですよ』と紹介してくれました。そしたら山口組の人に『そうですか、そら大したもんですねえ』と言うてもらえたんで、自分としてはよかったんかいなと思いますけど。

経済的にはシノギもできずに苦しかったですけど、親分の生き方が好きやったし、この親分に付いていったらヤクザとして間違いないと思ってましたから」

武は自分に従う少数の組員とともに山本広の命《たま》を狙い続ける。だが、かつて二〇〇〇人軍団と言われた竹中組は見る影もなくやせ細るばかりだった。その一方、竹中組の衰退で武の名が地に落ちたかと言えば、そうではない。山口組が露骨なパワーゲームで竹中組を圧倒しても、武があっさり見捨てられることはなかった。ヤクザが進んで大組織入りを目指す時世に、損得勘定抜きで山口組に立ち向かう。――この「ごじゃ」の一分《いちぶん》に、古き良きヤクザの原点を見出す信奉者が根強くいたのである。ちなみに武の代名詞ともなった「ごじゃもん」とは、播州《ばんしゅう》弁で無茶を押し通す乱暴者のことであり、同時に利害をかえりみない一徹者の意味にもなる。したがって武への称賛は、とりわけバブル期以降あらわになったヤクザの拝金主義に対する批判の裏返しでもあった。経済的に栄華を極めた宅見がその専横ぶりで怒りを買い、同じ山口組の中野会に殺される経緯とは対照的である。

ただし断っておけば、宅見は「金持ち喧嘩せず」の柔《やわ》な経済ヤクザではない。強面《こわもて》の武闘性も併せ持ちながら、五代目政権の内政外交を切り回す実力者だった。そして渡辺―宅見体制下の山口組は次々に傘下を増やし、一極集中とも言えるほど他団体を圧した。さらに宅見は暴対法（暴力団員による不当な行為の防止等に関する法律）成立をにらんだ抗争の抑え込み、表社会への侵出も念頭に置き、山口組の近代化を推進していた。しかしながら宅見のヤクザらしからぬビジネス感覚は、たとえば山本健一（通称・山健《やまけん》）、竹中正久などの歴代若頭が持っていた「馬鹿を承知のやせ我慢」「捨て身の男気」といった特質とは明らかに異なる。「馬鹿でなれず、利口でなれず、中途半端でなおなれず」と言われるヤクザの世界で、宅見はやや利口過ぎたのかもしれない。そこが武と宅見の違いでもあり、二人の価値観の差、生き方の差は埋めようもなかった。その見方からすれば、渡辺は「中途半端」だったと言うしかない。そして宅見も渡辺も、ヤクザとして武以上の伝説を残せなかった。

もう一点、武が宅見や渡辺に勝《まさ》って記憶される点は、「そりゃ、死んだら（竹中武の名前は）価値が出るわい」という強烈なプライドである。竹中正久が四代目襲名時のインタビューで「男で死にたい」と語ったのは有名なエピソードだが、この兄弟は少なからず、現世での満足より死後の名誉を意識していた。この「名こそ惜しけれ」の美意識は、男を売る稼業のヤクザには必須とも言えそうだが、全《まっと》うすることが難しいのはヤクザでなくともわかる。一般社会でも職場の義理、業界の仁義といった圧力的なルールに個人が抵抗するのは困難だし、組織が個人の美意識など一顧だにせずとも当たり前と受け止められる。それでもなお美意識にこだわればこだわるほど、実生活では悲劇的な結末に向かうことも予感できる。

ゆえに武の生き様にはヤクザの自己満足という以上に、人々を共感させるなにかがある。正久が語り、武が継承した「男で死にたい」という美意識は、死に絶えたロマンとは言えない。恐らく太古の時代の戦士から現代のビジネスマンに至るまで、普遍的な魅力を抱かせ続けるに違いない。

竹中武の生涯を振り返った時、山口組の正史に、その名が銘記されるかどうかは定かでない。単に四代目組長の実弟として付記されるだけかもしれず、多くの離脱者の一人として、その名はいずれ抹消されるのかもしれない。しかしながら敵味方を問わず、一度でも武に接した者には忘れ難い記憶を刻み込んでいる。歴史には残らず、記憶に残るヤクザ――それが武の宿命だったとも言える。

とはいえ、表舞台から消えた後の武が水面下で果たした役割は大きい。武は山口組への憎しみを消し去ろうと努め、「山口組は強くあれ」と願った。その思いを胸に、武は山口組に対して無償の貢献を惜しまなかった。

平成二七（二〇一五）年八月、山口組は再び分裂した。歴史は繰り返しながらも形を変え、今やヤクザ全体の存亡が問われている。もし武が存命であれば、この事態にどう立ち向かっただろうか。また、武が晩年に果たした役割と、この度の分裂劇はどのようにつながるのだろうか。武の生涯をたどることにより、これらの問いに答えを導き出すことも可能だと思われる。

本書は溝口敦を始め、元竹中組組員、および竹中武の素顔を知る姫路、岡山、東京の関係者から最新の証言を得て構成した。また、生前に武が残したインタビュー映像（平成一九［二〇〇七］年収録、未公開）の発言も多数引用している。記述に当たっては、できる限り正確に証言者の意図が伝わるよう心がけた。

なお、本文中では竹中兄弟の混同を避けるため、竹中の姓を省き、正久、正、武、と表記している部分がある。登場人物の肩書、組織名等は、原則的に記述内容の年代に合わせて表記し、敬称は略させていただいた。

第一章

播州ヤクザ

四代目山口組・竹中正久組長

顔役の血筋

竹中武の生き様に播州の風土が与えた影響は大きい。なぜなら武は生粋《きっすい》の播州ヤクザを自任し、郷土に愛着を込めて次のように語っているのである。

「播州地区のヤクザは、（組の）代紋がちごうたって、ざっくばらんやったわな。もっと言うたら家庭的やったわな。たとえば木下会《きのしたかい》（姫路の本多会系組織）のもんでも、最終的にはあなってもうた（姫路事件で竹中組と対立した）けど、向こうの舎弟やとか幹部連中でも、兄貴（正久）に『ああ親分、お昼にしましょうか』と言うてきて、自分がパパーッと電話して、『これから寿司取るから来いよー』言うて、出前の手配から声がけまでしてくれてやな。そういうように代紋がちごうても、ほんまに一緒の組内《くみうち》言うんかな、みんなが家族みたいな雰囲気やった。特に姫路はそんなやったからな。

そやけど神戸やとか大阪の奴はどないもならんわ。言うこととすることがちごうて、わしらは感覚が合わんわい。はっきり言うたらな」

播州はかつて播磨国《はりまのくに》と呼ばれ、現在では姫路市、赤穂《あこう》市、明石《あかし》市、加古川《かこがわ》市などを含んだ兵庫県南西部の一帯を指す。そこで話される播州弁は「おんどりゃ」（お前）、「だぼ」（馬鹿野郎）、「いてまう」（痛い目に遭わせる）など、いかにも押しが強く粗暴な印象を与える。国際港湾都市の神戸や、一大商業都市の大阪に比べ、播州の姫路などは片田舎であり、住民の気質も素朴だったと武は言いたいのだろう。もちろんその言葉の意味は田舎育ちを卑下したものではなく、自分が言行一致で明快に生きてきたという、武流の逆説である。

武が違和感を持ち続けたという「神戸やとか大阪の奴」とは、実名を挙げれば渡辺芳則（五代目山口組組長）、岸本才三（五代目山口組総本部長）、宅見勝（五代目山口組若頭）らのことである。その感覚のズレがどのようなものだったかは追い追い判明する。

武は昭和一八（一九四三）年八月六日、父・龍次、母・愛子の間に生まれた。兄弟姉妹、しめて八男五女の末っ子である。生家は兵庫県飾磨《しかま》郡御国野《みくにの》村国分寺（現・姫路市）にあった。

武を含めた八人の男兄弟のうち、三男の正久から下の四人までがヤクザの道に入ったのは、竹中家の盛衰と無関係ではあるまい。祖父の英正《ひでまさ》は慶應義塾大学を卒業後、長く御国野村の助役を務め、さらに英正の兄は同村の村長であった。また竹中家は代々相撲の勧進元でもあり、そうした縁からか、初代木下会会長・木下亀次とも付き合いがあったという。英正の代まで、竹中家は地元の顔役としてにらみが利き、それ相応の財産を持つ有力者の家柄だった。

　ところが、正久が生まれた昭和八（一九三三）年に英正が死去すると、竹中家の家運は一気に傾いていく。竹中家へ養子に入っていた父・龍次が博打で多額の借金を抱え、田畑を売り払ったあげく、御国野村の深志野《ふかしの》にあった屋敷も手放す羽目に追い込まれる。武が生まれた頃には、同じ村内の国分寺に転居していた。その上、龍次が戦時中に同村の御着《ごちゃく》で始めた料理屋の経営は大失敗に終わり、もともと病弱だった龍次は結核で寝込んでしまう。龍次が亡くなったのは、武がまだ三歳にも満たない昭和二一（一九四六）年四月のことである。敗戦による混乱は収まらず、日本中が飢えとインフレに喘《あえ》いでいた。姫路市街も米軍による二度の空襲で瓦礫《がれき》の山となり、市民は奇跡的に焼け残った姫路城の雄姿に励まされながら、ようやく本格的な復興作業に立ち上がりかけた時代である。

　未亡人となった愛子には大勢の子供たちが残された。武と二〇歳離れている長男の龍馬は復員して鉄工所で働き、長女は寄宿舎住まいの看護婦として自立していた。だが次男の良男は京都の立命館大学夜間部に通う学生であり、正久は御国野村の小学校を卒業して旧制鷺《ろ》城《じょう》中学に入ったばかりの中学生、その下の英男、正はまだ小学生、という状況である。竹中家の当てになる収入は、自宅の一階を店舗に貸して得る家賃くらいで、もちろん家計は火の車だった。

しかし、愛子は地元の顔役だった父・英正の血を引いている。新たに食料品店を開き、リヤカーを引っ張って行商まで手がけるような働き者であった一方、近所の賭場で自ら花札を引くような一面を持っていた。また正久がグレ始めた頃には、家へ殴り込んできたヤクザに向かい、女だてらにタンカを切って追い返したりしている。そんな鉄火気質な母親だったから、正久以下の息子たちはヤクザの道へ入ることにさほどの迷いもなく、後ろめたさを感じる必要もなかったのだろう。その上、「ヤクザに身を落とす」のではなく、「ヤクザで身を立てる」という感覚が彼らにはあった。戦後の混乱期という時代性と、古くからヤクザが根付いている播州の地域性が、その感覚を後押ししていた。竹中兄弟に共通する屈託のないヤクザ観は、こうした背景から生まれたに違いない。そして武からすれば、いつも身近にいて頼りがいのある正久が長男格であり、父親にも近い存在だったことだろう。

独立愚連隊

正久が昭和二一（一九四六）年に入学した鷺城中学は兵庫県下の名門校である。しかし正久は半年ほどで喧嘩沙汰を起こし退学。翌年から屋根瓦《やねがわら》の製造工場に勤め、英男や正の手助けなども得て大人顔負けの働きぶりを見せるものの、三年ほどで辞めてしまう。姫路の闇市をうろつく日々が続いた後、正久は母親の親戚筋を頼って名古屋の工務店で働いたこともあったという。しかしここも長続きはしなかった。

「なんで兄貴（正久）が工務店を辞めないかんようになったか言うたら、忘年会かなんかの時、若い衆と身内（仲間）になろうと思うたんやろ。『もうちょっと（若い衆に）酒飲ましたり』言うて番頭の頭を（殴って）割ってしもうたんやな。それでおりづろうなって辞めてしまったいうことや」（武）

正久が少年時代から相当にごじゃで親分肌だったことは、この一事でわかる。そして正久は、貸した金の返済を巡り友達から恐喝の罪で訴えられ、一七歳で奈良特別少年院に送られてしまう。好意で貸した金だっただけに、正久にとっては不本意極まりない事件だったろうが、武にとっても、金でつながった人間関係のもろさを見せつけられる事件だったに違いない。

正久は少年院で宇野組（山口組直系）・宇野加次組長の息子である正三と知り合うのだが、その縁が生かされるのはまだしばらく先のことである。出所後の正久は自分を慕って集まってきた若い衆を引き連れ、姫路で本職のヤクザ相手に喧嘩を繰り返し名前を売っていく。警官隊との乱闘で五分以上に渡り合い、刑務所送りにもされた。あまりの強さに、地元組織から驚くほどの高給で勧誘もかかったが、正久は歯牙《しが》にもかけない。代紋を笠に着るヤクザなどむしろ見下すばかりで、独立愚連隊の立場を捨てる気はまったくなかった。

ただし正久には金がなかった。せいぜいイカサマがいのパチンコで小銭を稼ぐ程度で、いつの間にか竹中家に住みついた若い衆に与える小遣い銭にも事欠いた。

一方、博徒として天性の才に恵まれた四男の英男は、めきめき売り出していた。正久以上に名前は売れていたし稼ぎもよかった。英男が胴を取る賭場には、武も正とともに合力《ごうりき》（進行係）として参加していた。テラ銭は正久が若い衆を養う資金になった。

なお、英男が師と仰いだのが明石の博徒・矢嶋清であり、その実子が矢嶋長次（後の二代目森川組組長）である。矢嶋長次は後年、山口組に入って田岡一雄（三代目山口組組長）のボディーガードを務めるが、縁あってその後任を正久が担うことになり、さらに武と矢嶋長次も強い絆で結ばれていく。

こうした状況で中学（新制）に入った武は、正久の影響を色濃く受けながらも自分なりの生き方を探していた。武は正久の足りない部分を見極め、自分が補う覚悟でいたのである。

「兄貴は金儲けが下手くそやったの。わしらはそのかわりどうしていたかというと、学校行きよる時分でも博打専門でシノギよったわ。田舎のガラの悪いところで、瓦屋の社長なんかを相手にな。兄貴はそんな器量がなかったわい。英男いうんは二七で死んだからな。それが生きとってくれたら、また展開も変わっていたやろうがな」（武）

武は小学校時代からカバンに花札を入れて行くほど博打に早熟だったが、英男の方はすでに関西、四国、関東まで旅打ちに出る本格派であった。野球賭博や金融でも財を成し、二〇代半ばで自宅のほかに旅館まで手に入れていたという。

正久も英男の力量を認めていた。一人前のヤクザに仕立てようと神戸の大島組入りを勧め、自分は陰から全面協力するつもりでいた。ところが英男は固辞し、逆に正久の山口組入りが進むことになる。英男が長年患《わずら》っていた結核を悪化させて死んだ昭和三九（一九六四）年当時、正久は田岡一雄の覚えめでたい一人前の直系組長になっていた。だが武にすれば、山口組と竹中家は別物である。正久と違ってシノギに抜群の才覚を持った「博打の天才」英男の死は、竹中家にとって大きすぎる損失と受け取ったのである。

時代を武の中学生時代に戻そう。

「わしら中学生の頃、姫路会館（キャバレー）ゆうのがあったわな。中学生の帽子かぶって行ったわ。そしたらホステスの一人が『竹中さん、私のこと言わんといてください』と言いよる。『あんたどっかで見たことあるけどやな、思い出せへん』。そう言うてよく見たら、わしを教えてくれる女の先生や。まさか学校の先生がキャバレーで勤めてるとは思わないがな。『先生、わしの方こそ言われへんやないか。子供が（キャバレーなんか）行ったらあかんのにやな、言えへんがな』とわしゃ言うた。その先生は体育と保健と習字の先生やったけど、それまでは（通信簿で）三点かそんなもんやったのに、五点ばっかりくれた」（武）

なんとものどかな話だが、昭和三〇年代前半の播州地区の世相を物語るエピソードをもう一つ紹介しておこう。

「もう一人、体育かなんかの女の先生がおった。その先生が、『ご無沙汰しております』言うてわしを訪ねてきたんやな。『ご無沙汰て、あんたなんでわしを知っとるの、思い出せへんがの』『実は広瀬（仮名）です。ご無沙汰しております』

卒業してもうてからの話やけど、相談役（正）も、姉二人も、わしもその先生に教えてもろうとる訳や。

『ああ先生かい』

『主人が坪田（英和、竹中組初代若頭）さんと麻雀して三〇〇万負けてもうたんです。どないしても一〇〇万しかできませんので、これでやってもらえるように、言うてもらえまへんやろか』

『おお言うたらい。もう先生のこっちゃ、しょうがないから。もう（その金は）しもうとったれ』言うてな。

その時分、まだ先生しおったけどな」

女性教師のキャバレー勤めも、教師の夫がヤクザと賭け麻雀をしたことも、今なら一大スキャンダルだろう。しかも筋の悪いヤクザであれば、恐喝のネタにさえされかねない。武の回顧談は、かつて堅気とヤクザの垣根が低かった時代の牧歌的なエピソードということになろう。そして武がヤクザのキャリアをこうした環境でスタートさせたことも、そのヤクザ観の形成を考える上で印象深い。

早熟の少年ヤクザ

さて、武のキャバレー通いからうかがえるのは、武が博打だけでなく女性に対しても相当に早熟だったことである。照れ屋で女性に奥手だった正久とは対照的である。

元竹中組組員・木山修造がその裏付けを語る。

「親分は結婚早いんですよ、一六か一七の時ですから。姐《ねえ》さん（夫人）が一つ年上。正式に結婚式を挙げたかどうかは別として、そのくらいの年から一緒に住んで、そのままずっと夫婦です。

親分が姫路で『25時』いうパンパン屋の親父をやってた時に、姐さんは町へ出て客引きをしてたんですよ。親分に言われてね。店では女の子を八人くらい抱えて、姐さんが客を引いて連れ込みホテルとかへ行かせていた。だいぶ昔、姐さんに聞いた話では、親分と一緒にその仕事を始めた時に、姐さんはやり方を全然知らんから、自分のとこの女の子から『ママ、こないしてするんや』と教えてもろうたらしいです。

『わしも若い頃、姫路でよく女の人を買いよったけどなあ』言うたら、『私が声かけたかもわからんよねえ』と笑ってました」

また、後年に至って武と親交を深めた関西の実業家・伊崎哲也（仮名）は次のように語る。

「姐さんは四国、愛媛の出身です。すごくきれいな方ですよ。姫路の飲食店で武親分がみそめて、そのまま御着の家へ一緒に入ったんですね。親分のお母さんを手伝って、娘さん姉妹と同じようにご飯を作ったりしていて、若い時から家事も気配りもようできはったようです」

竹中家に近い関係者の話によれば、武夫人は芸能界志望だった女友達と一緒に一五歳で愛媛から姫路へ出て、スナックでアルバイトをして自活していたという。客として対面した武はすっかり一目ぼれしてしまい、知り合った直後から正久にもたいそう自慢げにのろけていたらしい。この控えめな印象の美少女が武の激動の人生を支え、要所、要所で的確な助言を与えることになる。

木山が言った「25時」というパンパン屋は、昭和三六（一九六一）年に武が姫路の南地《なんち》で開いた売春宿である。当時の南地には小さなスタンドバー形式の店が並び、ホステスに店内の別室で客を取らせたり、近場の連れ込み宿へ送り込んだりしていた。実質的には売春斡旋所と言っていい。ショート（一時間）で五〇〇〜六〇〇円、泊まりになれば二〇〇〇〜三〇〇〇円の料金になる。売り上げは店と、客引きと、ホステスが、同等に分け合うシステムだった。

当時の様子を知る元商店主によれば、「25時」は、南地ではひときわ異彩を放っていたという。店は本格バーと言っていい造りで、棚には輸入品の洋酒がふんだんに置かれていた。客の求めに応じてカクテルも出した。在籍するコールガールは二七、八歳の女性が多く、当時の花形ストリッパーやＳＫＤ（松竹歌劇団）、ＯＳＫ（大阪松竹歌劇団）の出身者もいた。料金は泊まりで三万円だったというから、破格の高級店である。

武は長兄・龍馬から資金を借り、中学を出て二年目で高級売春宿の親方になると同時に、生涯の伴侶も手に入れていたのである。

武は激戦区の南地で商売敵との小競り合いを制し、シノギに精を出す一方、店の儲けは浪費せずにしっかり貯め込んでいた。英男が博打の負けで進退窮まった折には、この資金を借りて救われている。後年、木山から見ても「親分（武）はシノギが下手な方」だったそうだが、少なくとも若き日の武は（あるいは武夫妻は）非凡な商才を発揮し、経済的に竹中兄弟を支えていた。ただし武はこの店で木下会の若い衆といさかいを起こし、その事件がきっかけで神戸の鑑別所へ送られてしまう。もちろん売春稼業は続けられない。そこで武が正久に提案し、「25時」は竹中組の初代事務所として譲り渡されることになった。こうした経緯から、口さがない連中は「竹中組、竹中組といっても、もとはパンパン屋やないか」と陰口をたたいた」（木山）という。武もあまり自慢すべき経歴とは考えていなかったようで、木山には「女でシノギすなよ」と、自分を棚に上げて説教している。

ここで付け加えれば、売春と博打はヤクザの伝統的なシノギである。武はその二つを誰に使われることもなく、自ら一〇代で手掛けていた。善くも悪くも、武は自分の生き方の大半をヤクザの世界から独自に学んだと言っていい。

前記したように正久は英男に勧めていた大島組入りを固辞され、逆に英男の懇願により本格的にヤクザの道を歩むことになる。英男も武と同様、正久に夢を託したのである。手引きしたのは奈良特別少年院からの友人・宇野正三である。正三は実父の宇野組組長・宇野加次を動かし、正久の山口組入りを本家に推薦させる。この動きには、正久のごじゃもんぶりを知っている地元直系組織の湊組（湊芳治組長）、渋谷組（渋谷文男組長）などから反対論も出た。それでも当時、山口組全国侵攻の立て役者だった若頭・地道行雄が裁定し、正久は田岡一雄から若衆（直系組長）の盃を下ろされた。昭和三六（一九六一）年一二月のことである。この盃をもって竹中組は正式に旗揚げされた。以降、正久は田岡に心服し、身を賭して仕えることになる。

この一連の動きの中で、武はやや冷めた見方をしていた。正久の山口組入りを決定するに当たり、地道の指示によって旧知の矢嶋長次が武を訪ねてきた時の話である。矢嶋の質問に対し、武は次のように答えている。

「あんたら兄弟（英男と武）が兄貴（正久）に協力したってくれるんかどうか、矢嶋組の組長（＝二代目森川組組長）が聞くさかい、湊のおっさん（湊組・湊芳治組長）やらが反対しよるもん、別にそないにしてまでもらわんで（筆者注：わざわざ山口組に入れてくれなくても）ええやないか。山口組が日本一か知らんけどやな、わしらの考えはこうやと矢嶋組長にいうたがや」（溝口敦『山口組四代目　荒らぶる獅子』講談社＋α文庫）

この問答には、それなりに大きな意味が含まれている。山口組サイドが「正久には英男と武の協力が必要だ」と考えるほど、二人の弟を評価していた事実である。博徒として実績のある英男はともかくとして、武は当時まだ一八歳の少年である。いかに早くからヤクザとしての資質を周囲に認められていたか、驚くばかりである。また、この時点に至っても武は山口組の代紋に平伏する気などなく、むしろ山口組に対し、「正久が欲しいのなら準備をしっかりしろ」と注文付けしているようにも見える。正久は最終的に、「田岡一雄の貫禄に魅了されて山口組入りした」と述べているが、まだ田岡と面識がなかった武からすれば、「竹中兄弟を安う見んといてくれ」と言いたかったのである。

もう一点見逃せないのは、ここで正の名が挙げられていないことだろう。正は正久の影響を受けながらも、「ヤクザ丸出し」（木山）の武とは、やや違う事業家気質を持っていた。その違いは山口組の評価とは別に、竹中組の活動に幅を持たせることになる。

第二章

山口組直系竹中組

三代目山口組・田岡一雄組長

岡山の根城

山口組直系となった竹中組が初めて参加した抗争は、昭和三七（一九六二）年の「福岡事件」である。山口組系組員の「夜桜銀次」こと平尾国人が潜伏先の福岡で射殺されたことにより、山口組と九州の地元組織が対立した事件だった。事態を重く見た山口組は福岡に大量動員をかけたが、竹中組にも一〇人の動員が割り当てられ、武も遠征に参加している。

この時、福岡の宿泊先で警官隊に踏み込まれた正久は、逮捕状の提示を要求して部屋の捜索を拒否。押し問答の果てに凶器準備集合罪で逮捕されるものの、頑として容疑否認を続ける。そして結局は竹中組全員の釈放を条件に一人で罪をかぶり、福岡拘置所に勾留されることになった。

この気骨ある対応を耳にした田岡は正久に注目し、ボディーガードとして抜擢《ばってき》することになる。一方、福岡事件で竹中組組員の帰路の列車賃や、八ヵ月後に保釈された正久の飛行機代を工面したのは、スタンドバーを営んでいた正久の内妻・中山きよみと、「25時」で資金を貯めていた一九歳の武だった。

その直後、武は姫路を出て岡山で居を構えることになる。きっかけは、正久の若い衆がノミ行為で失敗したことにあった。武はそのトラブル解決のため側近の野川浩平（竹中組組員）を連れて岡山へ行き、一時的に夫人とともに安アパート住まいをしていた。ところが解決は長引き、帰るに帰れない。そしていつの間にか岡山が武の本拠地になったのである。

「親分は一九歳で岡山に行ってます。若い衆を一人か二人だけ連れてね。それが二二歳か二三歳の時には、若い衆が三〇人おったと言うんです。それ考えただけで凄いです」（木山修造）

武の人望と統率力が並でなかったのは確かだろうが、とはいえ、当初の生活は楽ではなかった。「25時」が竹中組事務所になって収入は断たれ、なじみの薄い岡山ではなかなかシノギにありつけなかった。本人の弁によれば、飲み屋やパチンコ屋で因縁をつけては、みかじめ（用心棒代）を要求するような日々だったという。堅気を泣かすことを嫌った武にすれば苦い記憶だろう。しかし、およそヤクザのシノギは堅気から金を吸い上げることで成り立っている。若き日の武はきれいごとなど言っていられず、それでも若い衆を少しずつ増やしながら岡山竹中組の基礎を固めていった。

この間、正久は田岡一雄のボディーガードとして東奔西走の日々を送り、田岡の信任を厚くしていく。しかし昭和三九（一九六四）年、竹中家には不幸が重なった。母・愛子が二月に膵臓《すいぞう》ガンで亡くなり、次いで英男が六月に結核で亡くなったのである。残された家族の落胆は大きかった。

重苦しい状況ではあったが、同年の春、正久は姫路駅近くの十二所前町《じゅうにしょまえ》に、住まい兼用の竹中組事務所を新築する。正久は賭場の開帳に加えて野球賭博なども手がけつつあり、シノギも少しずつ安定してきたのである。竹中組の体裁はようやく整っていった。

宅見勝はこの頃、山口組直系福井組（福井英夫組長）に在籍し、大阪ミナミに「南地芸能社」を設立していた。この会社では盛り場を流すギター弾きをたばね、割り前（上納金）を取ってシノギにしている。その他、宅見は地域の盆踊りに歌手を送り込んだり、キックボクシングの興行を手がけたりしたようだが、まだ町の貧乏ヤクザの一人だった。

ここまで宅見が歩んだ道のりは平坦ではない。宅見は昭和一一（一九三六）年に神戸で生まれ、実家は洋裁店を営んでいた。しかし早くに両親を亡くし、残された子供たち五人（宅見には兄が二人に姉と妹がいる）もたがいに助け合うような関係ではなかった。ちなみに宅見以外はみな堅気である。終戦後、宅見は和歌山市で水商売に就きながら結婚生活を始めたと言われる。

一八歳で山口組直系組長を兄に持った武とは違い、宅見のヤクザ人生のスタートは華々しくない。大阪に移り住んだ宅見はミナミで不良グループに入り、昭和三四（一九五九）年、博徒である土井組系川北組の若い衆になる。翌年には早くも川北組の若頭に昇格したが、二年後の昭和三六（一九六一）年、土井組は抗争の余波で組員を大量検挙され解散。宅見はなんとか伝手《つて》を得て南道会《なんどう》系福井組の若衆に納まる。南道会は田岡一雄の客分だった藤村唯夫が初代であり、宅見の親分になった福井英夫は南道会傘下の有力組長であった。その後、藤村が田岡の舎弟になって南道会を解散した際、福井組は山口組直系に上がっている。昭和三九（一九六四）年当時、二八歳の宅見は福井組に籍を得てようやく山口組の枝の一員として三年目を迎え、他方、二一歳の武は正久と連携しながら岡山で勢力を養いつつあった。

渡辺芳則は昭和一六（一九四一）年、栃木県下都賀《しもつが》郡壬生《みぶ》町で、そこそこ裕福な農家に生まれている。東京・浅草の飯島連合会でテキヤの手伝いをした後に神戸へ流れ、昭和三六（一九六一）年、山本健一（山健組組長）の盃を受けた。昭和三九（一九六四）年当時、二三歳の渡辺はまだ部屋住みヤクザで、山健組内では関東のよそ者と見られていた。

第一次頂上作戦

警視庁および各県警本部が、第一次頂上作戦を開始したのもこの年である。三月には警察庁が広域一〇大暴力団を指定。山口組は、本多会（神戸）、柳川組（山口組直系、大阪）、錦政会（稲川会の前身、熱海）、松葉会（東京）、住吉会（東京）などとともに指定を受けた。頂上作戦の目的は、暴力団のトップ、幹部クラスの検挙に狙いを定め、さらに資金源をも断ち切ることにある。同年一〇月の東京オリンピック開催を機に、当局は総力を挙げて暴力団を追い詰めていた。ちなみに暴力団という呼称は警察とマスコミの命名で戦後早い時期から使われていたが、この第一次頂上作戦の時点で「ヤクザ＝暴力団」という構図がすっかり定着したと見ていい。

昭和四〇（一九六五）年に入ると、関東会（関東の暴力団が集結した右翼系統一組織）、錦政会、北星会、本多会、住吉会、松葉会、日本国粋会などが警察の圧力を受けて次々に解散。同年五月、田岡一雄は心臓発作のため東京で緊急入院し、九月に尼崎《あまがさき》の関西労災病院へ転院することになるのだが、山口組系組織にも当局の手は伸びていた。一〇月に武が野球賭博で逮捕され、翌四一（一九六六）年二月には正久も同じく野球賭博で逮捕された。

兵庫県警は、次にいよいよ山口組の解散と田岡引退を目標に掲げて猛攻をかける。手始めは山口組七人衆の一人である企業舎弟・岡精義《きよし》（神戸生コン運輸社長）の逮捕だった。岡はあっけなく引退に追い込まれ、次いで安原武夫（安原運輸社長）ら二〇人近い舎弟と若衆が山口組を脱退。田岡も自分で経営していた甲陽運輸社長を辞任した。こうして、山口組は初代組長の山口春吉以来、神戸港で築き上げてきた港湾事業からほぼ完全撤退を余儀なくされた。また田岡が社長だった神戸芸能社も公共施設から締め出されている。なお、当時の山口組脱退者に名古屋の鈴木光義（鈴木組組長）が含まれており、鈴木組は若頭だった弘田武志に引き継がれた。弘田は山口組直系・弘田組組長となり、司《つかさ》忍《しのぶ》（司興業組長、後の山口組六代目）を弘田組の若頭に据えている。

山口組の事業部門を壊滅させた兵庫県警は追及の手をゆるめず、神戸「さんちかタウン」の建設に絡む恐喝容疑で若衆・吉川勇次と、若頭・地道行雄を逮捕。地道は組の存続を危ぶみ、山口組解散の方針を打ち出す。百戦錬磨の猛将も思わず体をかわしたくなるほど県警の追い込みは強烈だった訳だが、この解散方針は田岡の了承を得ていない。さらに地道は取り調べ中、恐喝した金が田岡に渡ったことを供述したと見られた。そのため、正久と山本健一（山健組組長、当時）、細田利明（二代目細田組組長）の三人が地道暗殺を謀議している。細田利明は実父で山口組直系組長だった細田利光から組を継承しており、親子二代にわたって田岡の信頼は厚かった。また細田と正久は無二の親友関係にあり、自然に武とのなじみも深い。

地道暗殺計画は田岡に止められて未遂に終わったが、田岡に解散を突っぱねられた地道は若頭を下ろされ、その座を梶原清晴に譲った。地道は舎弟に直った翌年の昭和四四（一九六九）年四月、肺ガンで急逝している。

前記した通り竹中組は常習野球賭博などで摘発され、正久以下、幹部が続々と逮捕勾留されていた。しかし意地でも警察に妥協しない竹中組は攻勢に耐え抜き、縮小する地元勢力を尻目にかえって勢いを増していく。

また、宅見勝は昭和四一（一九六六）年、福井組若頭補佐に就任、翌四二（一九六七）年に三重県鳥羽市で宅見組事務所を開設、四五（一九七〇）年には福井組若頭に就任と、遅ればせながら上昇気流に乗っていた。

昭和四六（一九七一）年七月、地道の後任だった山口組若頭・梶原清晴が鹿児島県の硫黄《いおう》島《じま》で釣りの最中に水死。若頭補佐六名（山本健一、山本広、小田秀臣、小田吉一、菅谷政雄、中西一男）の互選でいったんは山本広が若頭に内定する。しかし山本広をとことん嫌い、その下に付くことを拒んだ山本健一が若頭補佐辞任を田岡に直訴。田岡の指示を受けた菅谷政雄が山本広に若頭就任を辞退させ、一転、山本健一が若頭の座を得る。この時、正久は山本健一から若頭補佐就任を懇請され、渋々といった感じで受諾している。

若頭補佐といえば押しも押されもせぬ最高幹部である。当時三七歳の正久にとっては願ってもない大出世と言っていいはずだが、武は正久に反対論をぶつけていた。正久が幹部に昇格すれば、竹中組はますます警察に敵視され、組員がかわいそうだという言い分である。正久もこの意見に同調しかけたというから、警察に対して強硬派の二人にしては珍しく弱腰と映る。しかしこの対応は警察の攻撃がどれほど熾烈だったかを物語るのと同時に、竹中兄弟の地位に対する無欲さを示すエピソードでもあろう。

後年の話になるが、五代目時代には若頭補佐の地位を得るために少なくとも数億の金が必要と言われた。それだけの金と引き換えにしても、地位から得る名声と利権は大きかったのである。竹中兄弟の金と地位に対する無欲さは一貫した姿勢だが、とりわけ武に限って言えば、山口組内の人事には無関心だったとも言えるだろう。武も竹中組に在籍する以上、山口組の一員であることは間違いない。だが田岡に忠誠を誓う正久と違い、山口組の下に竹中組を位置づける意識は薄かった。したがって山口組の人事には無関心で当然なのである。さらに武は、山口組四代目争いの際にも同様の姿勢を見せることになる。

魚町事件と総長賭博

昭和四七（一九七二）年三月、武が率いる岡山竹中組の若衆・貝崎忠美《ただみ》が、稲川会の石井進（理事長、当時。後に会長）を感嘆させるような大仕事をしていた。

八日夜、正久は姫路の竹中組事務所に詰めていた坪田英和（竹中組初代若頭）、橘《たちばな》貴智雄《きちお》（竹中組幹部）、長尾米八（竹中組若頭、当時）を誘って魚町《うおまち》の飲み屋街へくり出した。ところが二軒目のクラブに向かう途中、遅れて歩いていた長尾と橘が何者かにナイフで刺されてしまう。様子を見に行った坪田も同様に刺された。

事務所への電話で事件を知った貝崎は、とっさに同行している正久もやられたに違いないと判断。包丁を持ち出して現場に向かうと、すでに犯人は警官隊に連行されようとしている。「親分の敵を討つのは今しかない」と決めた貝崎は、見物人と警官を弾《はじ》き飛ばしながら

三代目山口組の主な構成（昭和56年当時）

組長　田岡一雄

舎弟

湊組　湊芳治組長（姫路）
三木組　三木好美組長（大阪）
中川組　中川猪三郎組長（大阪）
中井組　中井啓一組長（高知）

若頭

初代山健組　山本健一組長（神戸）

若頭補佐

【筆頭若頭補佐】山広組（神戸）　山本広組長
小田秀組（大阪）　小田秀臣組長
中西組（大阪）　中西一男組長
竹中組（姫路）　竹中正久組長
益田組（横浜）　益田佳於組長
加茂田組（神戸）　加茂田重政組長
豪友会（高知）　中山勝正会長
溝橋組（大阪）　溝橋正夫組長

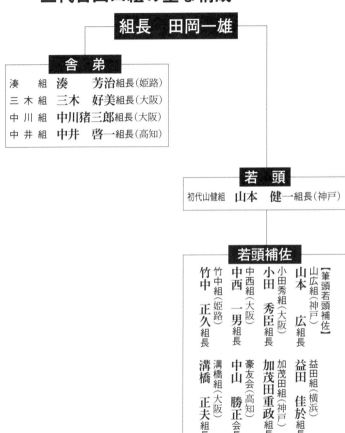

突進し、犯人の左胸を包丁で刺した。犯人は後に四国の暴力団の準構成員と判明するが、ほぼ即死の状態である。当の正久は無傷だったため、結果的には早とちりの殺人だった。しかし貝崎の直情的な行動はヤクザの世界では大いに称賛される。この事件について武は次のように回想している。

「貝崎にしたら、ひょっとしたら兄貴もやられているんちゃうか思うてやな、そういう気持ちで警察が連行しとる奴を殺《や》っとるからやな、兄貴は嬉しかったんやろう。稲川の石井さんも『しっかりしたええ若い衆ですねえ。ぜひ（貝崎が刑務所を出所して）迎えに出る時は（一緒に）行かしてくださいよ』と、そないに言うてくれたらしい。兄貴も喜んどった」

もちろん石井の褒め言葉は正久を喜ばせたが、それ以上に武を喜ばせることになった。というのは、貝崎忠美は岡山竹中組の組員で、たまたま武が服役中だったため一時的に姫路預かりとなっており、その預かり期間中に事件と遭遇したのである。つまり武にとっては子飼いの組員である貝崎の大手柄だったのだ。同時に、警察に対して竹中組の武闘性を、目の前で見せつける痛快事であった。

当時二一歳だった貝崎はこの事件で懲役一二年の判決を受けた。正久の四代目襲名時、この貝崎に岡山竹中組の二代目を継がせる案も浮上したのだが、詳しくは後述する。

次に竹中兄弟が兵庫県警の面目を失わせたのは、昭和四八（一九七三）年に発覚した総長賭博事件だった。

その前年の昭和四七（一九七二）年、竹中組事務所の広間で賭博が開帳され、山口組若頭・山本健一、稲川会理事長・石井進を始め関東・関西の有力組長が多数参加したという情報を兵庫県警がつかんだ。胴元は竹中正久、動いた金が五〇億円、テラ銭が一億円以上という見立てである。

山本健一の提案で開かれたこの賭場は、心臓病で入院していた田岡一雄の退院をひかえ、田岡に祝い金として贈るテラ銭稼ぎが目的だった。ところが兵庫県警の見方は違っていた。同年（昭和四七［一九七二］年）一〇月、稲川会・石井進理事長と山口組・山本健一若頭、および双方の組織の幹部二名が五分と五分の兄弟盃を交わしており、それを祝っての賭博開帳だった、と県警は思い込んだのである。そのため、開帳の時期は盃の直後だと誤って判断した。一方、胴元だった正久は、博打の事実は認めても、実際の日取りだけは伏せるよう参加者にすっかり根回ししていた。そのため県警は開帳の日付を最終的に特定することができず、とうとう立件できずに終わってしまったのである。

東西の大物ヤクザ一斉逮捕という兵庫県警のもくろみを正久の機転で見事に打ち砕いた形だが、この顚末《てんまつ》には武も絡んでいる。賭博開帳の時期、武は服役中だったのだが、ふだんから竹中組の賭場を仕切っているのは武だったため、関西の客には武の名前で賭場への参加を呼び掛けていたのである。

「わしは（昭和）四六年から四八年まで（刑務所に）務めとった訳や。関西の者には細かいことは言わんと、わしのテラ（胴元）ですんねや言うて頼んどる訳や。関西の人間には、わしが付き合いがあるからな、博打の方では。東京の稲川さんの者なんかには、親分（田岡）が退院したから退院祝いにするから言うてやな。

そやけど関西の者はわしに頼まれて、わしのテラやさかいに行ったと言いよるがな。（ところが）竹中武は岡山刑務所に務めとるやないか、中に入っとるのにテラなんか取れる訳がないということになっていってやな、そこらの点も（捜査が）崩れるもとになった訳や」（武）

もう一点、新事実を述べれば、この賭博は田岡の退院祝いとともに、武の出所祝いの捻出も兼ねていたのだという。

「あの博打は、わしと三代目（田岡）とモミの（共同の）テラやった訳や。稲川さんとこの石井さんやらに頼むには、わしのテラにしたってくれとは言われんわな、付き合いもないのに。そやから親分（田岡）の祝いするさかいに、ということで（参加してもらった）。

それでわしもいったんは（テラ銭の）半分をもらうだけもろうたけど、兄貴がその時に（自分も張って）ようけ負けたというから、ええわい言うて返したけどな」（武）

後に語られた関係者の話では、実際の賭け金総額は県警の見積もりの五〇億円を大幅に上回り、一五〇億円ほどに達していたようである。武が得たテラ銭も巨額だったに違いない。

ところが武は正久の負け分を肩代わりして、テラ銭をすべて放棄したとあっさり語る。その淡白さも武ならではだろうが、武にとっては金よりも、警察の鼻を明かすことがなにより優先なのである。

竹中組の野球賭博

竹中組と言えば、野球賭博の胴元として全国的に名前を売っていた。賭け試合のメインはプロ野球だが、「黒い霧事件」（昭和四四［一九六九］年から同四六［一九七一］年にかけて発覚）以降もやはり八百長試合は存在していたらしい。その内幕の一端を武は明かしている。

「（ある投手が）『負ける、負ける』言うて、わしらはそれにはまってしもうたけどやな、兄貴（正久）が偉かったのは、それに手出しせんかったことや。『兄貴、どっか通す（話を持ちかける）とこないんかい』て聞いたら、『そんなもん稲川さんとこへ言うたらええやないか』と言うてたけど、そうかというて自分では一〇〇万円も張らんかった。下手打ったらかなわん思うたんやろ。

わしらに言わせたら、野球みたいなもん（投手が）一人でアレ（八百長）してもあかん。監督もおるこっちゃし、（途中で）代えられてまうしな。（八百長試合は）六回か七回したやろ。みな外れてもうた。他のもん（知らない人間が紹介した投手）やったら殺しかねなかったけどやな、姫路の相談役（正）が持って行った話やから（辛抱した）。わしが（その投手に）

時計やったりしたけど、後で払いに（返しに）きたわな」

基本的に野球賭博は、単に試合の勝敗を当てる訳ではない。対戦チームそれぞれにハンデが切られ、ハンデを含めた得点差で当たり外れが決まる。元竹中組の木山修造によれば、「野球賭博は胴元になれば滅多なことで損をしない」そうだが、武は自分も賭けに参加する気持ちを抑えられず、たびたび大敗を喫している。武にはそういう子供っぽさが多分にあった。このような気質は、武が末っ子であることに一つの理由があるかもしれない。

若き日から竹中兄弟を知る実業家・倉田浩司（仮名）は言う。

「（武は）御着のお姉さんには絶対服従。電話がかかってきて『タケシ』言われたら、『シュー』言うとったもん。（武も）『わしは姉御には全然あかんのや』言うてた。年が離れてるやろ。で、やっぱりお母さんがわりに育ててもらってるやろ。お姉さんも武いうたら可愛いねん。四代目（正久）や相談役（正）はお姉さんに対してそんなことないんやけどな、武のおっさんだけ、お姉さんが来たら殺虫剤まかれたハエみたいに『シュー』となるんや」

武の博打好きは年季が入っている。他のヤクザを評価する際にも、賭場での振る舞いを基準の一つに置くことが多かった。つまり武が「あの人はきれいな博打を打つで」と言えば、それは最高水準に近い褒め言葉なのである。正久もシノギの点から見れば間違いなく博徒であり、当然ながら賭場の勝負で大敗することもあった。ただし博打好きの度合いと、はまり方の深さは、どうやら武の方が相当に上だった。

一方、竹中組相談役の正は、野球賭博の重要な鍵を握るハンデ師（各チームのハンデを切る担当者）だった。さらに野球賭博全体の仕切りも担っていたが、正久や武とはタイプが違う。正は博打以外でも国際的に幅広くビジネスを手がけており、性格も外向的だった。ただし、そのことが要因となって後に「ハワイ事件」と呼ばれる大騒動に巻き込まれる。そして武は予想外の裏技を使って正の救出を図ることになる。

大阪戦争勃発

山口組に未曾有《みぞう》の衝撃をもたらし、後の四代目体制にも大きな影響を与える「大阪戦争」は、昭和五〇（一九七五）年七月に勃発した。発端は山口組系佐々木組（佐々木道雄組長）傘下の徳元組組員が、大阪キタで開帳していた松田組系溝口組の賭場を荒らした事件である。この争いを解決する談判の場で溝口組組員が発砲。徳元組に四人の死傷者を出したことで事件は拡大する。その後、和解交渉をはさみながらも、複数の山口組系組織と松田組系組織の銃撃合戦に発展した。そして翌昭和五一（一九七六）年一〇月、佐々木組傘下の組員が松田組系の大日本正義団（溝口組の上部団体）・吉田芳弘会長に三発の銃弾を撃ち込んで射殺。これでいったんは収まったかに見えた。

しかし、静寂は突然破られることになる。昭和五三（一九七八）年七月一一日、あろうことか田岡一雄が京都三条駅前のクラブ「ベラミ」で狙撃されたのである。ヒットマンは、吉田芳弘会長射殺への復讐に燃える大日本正義団組員・鳴海清だった。鳴海が放った銃弾は田岡の首筋をかすめ致命傷を与えるには至らなかったが、首領《ドン》狙撃の知らせは山口組を激怒させる。肝硬変で病気保釈中だった若頭・山本健一は残された気力、体力を振り絞り報復戦の指揮を執ることになった。

山口組は山健組内盛力会《せいりき》（盛力健児会長）が松田組系村田組幹部を大衆浴場で射殺。この事件を手始めに、同じく山健組内健竜会（渡辺芳則会長）、そして直系に上がったばかりの宅見組（宅見勝組長）などが、三ヵ月で七人の松田組幹部、組員を殺傷。この間、逃走していた鳴海も何者かの手によって惨殺され、神戸六甲山中で死体が発見されている。この大阪戦争は同年一一月、山本健一らが記者会見を開き、一方的に終結宣言を出して幕を閉じた。

佐々木組系の賭場荒らしから四年近くにおよぶ戦いが終わり、結果を見れば山口組の圧勝だった。だが山口組内部で浮き彫りになったのは、抗争に対する貢献度の格差である。戦績を残したのは山健組、宅見組など一部に限られた。竹中組は正久が昭和五三（一九七八）年四月から翌年九月まで刑務所に収監されていたため本格参戦できなかったが、抗争の発火点になりながら初動が鈍かった佐々木組の若い衆に対し、正久自身が殺人教唆に問われかねないほど猛烈なハッパをかけている。

「兄貴は、(佐々木組の幹部に)『お前らがよう行かんのやったら、道案内せえ』とまで言うたらしいし、『(行動資金として正久が)二〇〇〇万(用意)してくれた』と、当時の(佐々木組)幹部が言うとった。佐々木(組長)はその時にパクられとったからな。(その話は)四代目からは聞けへんけど、細田(利明)もよう知っとる」(武)

この正久のエピソードは武に深い印象を残した。金にきれいであることが死後の名誉にもつながると再認識させたのである。

「兄貴は(金については)アカ抜けてへんぞ。はっきり言うたらコマーい(細かい)人間じゃ。そやけど、大阪戦争でも出す時は二〇〇〇万でも出す。死んでからでも(周囲の者が)言うやないか、そうしとったら。そういうきれいなとこもあったから四代目でもなれた訳や」(武)

一方、田岡狙撃事件当夜、ボディーガード役だったため責任を問われていた細田利明に対し、正久服役中の留守を預かる武が、竹中組の手勢を差し出すとの意向も伝えている。当時二二歳の武はすでに抗争参加を指揮する立場にあり、正久の不在を感じさせないほど竹中組内部を掌握する大番頭だったのである。

若き日の武を知る実業家・倉田浩司は言う。

「恐かったもん。若い時の顔見てみいな。ブルドッグか思うたもん。丸坊主で、ご飯食べる量も半端やないし、もうガラが悪いんや。『なんぞえ、コラーッ』言いよるから、しびれ上がるで。『喧嘩だったら、いつでもしたるて言うとかんかい、（誰でも）連れて来いーッ』て言いよる。怒鳴りまくっとったもん。体は大きいし、迫力あるし、ほんまに。（武が恐がられるのは）お兄さんのお蔭と言う人もおるけど、本当は兄貴の方が温厚。武のおっさんは勢いが違うよ。声もでかいし、逆らう人おらんかったんちゃう。それで兄貴が亡くなってからもっと過激になったんや」

正久が後に四代目選びで問題にしたのは、大阪戦争における山本広の参戦意欲のなさである。山本広が筆頭若頭補佐の立場であることを考えれば、三代目狙撃という非常事態に、我関せずでは通らない。正久にすれば、抗争で働かずになんの四代目候補か、という思いである。正久は当初から山本広を敵視していた訳ではなかったが、この頃から不信感は確実にめばえていた。

大阪戦争で株を下げた山本広とは対照的に、名を上げたのが山健組若頭・渡辺芳則と、宅見組組長・宅見勝である。もちろん敵を殺傷した戦果による評価だが、この二人が後に山口組のツートップになるとは、まだ誰も考えていない。渡辺も宅見も、そして武も、山本健一が遠からず四代目に就くだろうことを漠然と考えているに過ぎなかった。

なお、福井組の若頭だった宅見勝が山口組直系組長に上がったのは、大日本正義団・吉田芳弘会長射殺から二年後の昭和五三（一九七八）年一月だった。宅見の親分の福井英夫は直系組長のままだったから、宅見は福井組から離脱して昇格した形になる。福井組は事実上、宅見組という中核勢力をもぎ取られたことになるが、この抜擢の裏には若頭・山本健一の強い推挙があった。かねてから宅見は山本健一に接する機会を狙い、ひとたび知遇を得ると細やかな配慮を見せてたちまち山本健一の心をつかんだのである。さらに宅見は山本健一が最も頼りにする正久ともつながったことで、一気に有力直系組長の資格を得たと言っていい。このあたりの処世術、上昇志向は長い下積み時代に鍛え上げられたものだろうが、ヤクザとして純粋培養的な武には見られない特質である。

姫路事件

大阪戦争で見せ場のなかった竹中組だが、その終結から一年半後、図らずも鮮烈な印象を残す事件が起こった。

昭和五五（一九八〇）年一月、竹中組直参（竹中組津山支部）の小椋《おぐら》義政が、山口組系小西一家内の関係者とともに岡山県津山市内の事務所で射殺された。襲撃犯は木下会系平岡組の組員二名である。小椋は鳥取刑務所に服役中、平岡組組員に愛人を取られたとして平岡組を執拗に脅していた。平岡組の二人は小椋に対するたびたびの謝罪も受け入れられず、たまりかねて小椋を殺した上、居合わせた小西一家の関係者を巻き添えにしたのである。

竹中組は当然ながら報復を決意する。だが山口組内部には事件を穏便に収めたい勢力があった。姫路で正久の先輩格に当たる湊組組長・湊芳治、同じく姫路の大崎組組長・大崎英良、そして白龍会会長・山田忠一である。山田は木下会会長・高山雅裕と代紋違いの兄弟分でもあった。彼らが間に入って和解話が進められ、正久は心ならずも成り行きを見守ることになる。

その結果、正久と高山会長の会談が実現。木下会から平岡組・平岡篤組長の指と香典が差し出され、事件の犯人を絶縁するという条件も提示された。正久はこれを呑み、決着はついたはずだった。ところが同席していた湊が「絶縁までせんでも、ええやないか」と口をはさんだため事態は複雑化する。正久は「絶縁から一等処分を減じて破門にする」と理解し、高山は「処分を一切必要とせず」と受け取った。おたがいの認識がすれ違ったまま、時間ばかりが経過していく。ちなみに絶縁はヤクザ界からの永久追放を意味し、復帰可能な破門よりも処分内容は格段に重い。

いつまで待っても木下会から破門状が出されず、武の問い合わせにも木下会から回答がなかったため、竹中組は怒りをつのらせた。そして平尾光《ひろし》（竹中組若頭補佐）をリーダーとする襲撃班がひそかに編成される。

小椋義政射殺事件から四ヵ月後の同年五月、姫路駅近くの繁華街で車に乗り込もうとした高山雅裕会長を竹中組襲撃班が射殺。さらに三人のボディーガードのうち一人を死亡させ、二人に重傷を与えた。

この姫路事件は竹中組の武闘派ぶりを世に広く知らしめる結果となる。そして正久は田岡から一層深い寵愛《ちょうあい》を得ることになった。というのも、木下会は反山口組同盟とも言える関西二十日会に所属しており、田岡も一矢報いたい気持ちを抑えきれずにいた。そうした背景もあり、田岡は正久の挙げた戦果に大満足だったのである。竹中組にとっては、業界的な評価と田岡の寵愛を同時に得たという意味で、歴史的な事件と言っていい。だが武は当時の心境を次のように語っている。

「当時は（組員の）数があらへん、うち（竹中組）も。二〇〇人おるかおらへんかの組織やから。兵隊使うて犠牲出してしもうたらやな、肝心の時に使える兵隊がおらんようになる。だから（抗争は）やめとこう思うてやな、直接やないが『高山（会長）に木下会を解散させえ』と兄貴に伝えた訳や。わしは（高山が）絶対解散するということで自信持ってたからな。そしたら兄貴は『そんなもんは今まで日本に例がないやないか。高山の舎弟の組（下部組織）がやっとるのにやで、上の組を解散せえとは例がない』ということでな。（兄貴とすれば）高山に解散せえという条件を出して蹴られた時に、より下手を打ってしまうということやろ。そない言うんなら、しょうがないなあということでやな――」

やや意外に思われるかもしれないが、武はこの時、主戦論を唱《とな》えなかった。武はもともと相手を力だけでねじ伏せるタイプではなかったし、木下会とは播州で長らく友好的に付き合ってきた。したがって木下会への配慮もあってのことだろう。そのあたりは、山口組の若頭補佐という要職にあり、しかも田岡一雄の側近だった正久との立場の違いがある。田岡は本質的に山口組きっての主戦論者であり、正久は田岡の期待に応える義務があったのだ。

ただし、やると決めたら武の切り替えは早い。

「はっきり言うたら兄貴は、（殺す相手は）誰でもいいと思ってた訳や。平岡（篤、平岡組組長）らでも。でもよう考えたら（相手が誰でも）懲役は一緒やのに、それやったら（高山会長を）いてまえと――」（武）

高山会長射殺事件後、喜びを隠さない田岡は正久と面談し、異例なことに裁判費用などの援助として五〇〇〇万円の金を渡している。正久からこの話を聞いた時の武の反応が、また武ならではのものだった。以下は、武が語る正久との会話である。

「『五〇〇〇万ぐらいもろうて、兄貴もなにしよるぞい』

『わしがいらん言うのに、（同席していた）加茂田（重政・若頭補佐、当時）のアホが無理やりわしのポケットに入れてやな』

『五〇〇〇万みたいなもの、もろうたってしょうがないやろ』

『弁護士費用の足しにでもせえって――』」

せっかく親分から五〇〇〇万円を下賜《かし》された兄が、弟に責められる構図である。

「せやから、あの時でも、その五〇〇万もろうただけや。後はみなわしが（手当て）しとるねん。弁護士費用からなにから。姫路事件で兄貴は損してない。見舞いやらなにやらみなにもろうて、それもあったからな。見舞いの中から小遣いにせえ言うて、若い子に何百万かはやったみたいやけどな。こっちは五〇〇万なんかもろうたって箸《はし》にも棒にもかかるかい」（武）

こうなると歴史に残る大親分・田岡一雄も形無しである。ちなみに倉田浩司によれば、「武のおっさんは三代目の時代から直参に上がれ、言われとったんや、あの若さで。でも三代目の親分が上がれ、言うても上がらへんかった」のだという。

田岡の面識を得ても、正久と違って自分の親と仰ぐ気にはならなかったらしい。武にとっての親分は正久だけで十分という気持ちだったのかもしれない。ただし、倉田には田岡に対する敬意を語っている。

「『（三代目は）厳しい人やで。滅多に顔を見られる人と違う。わしらみたいな、ごじゃもん相手にしてくれるかい』て、いつもそう言ってた」（倉田）

武の人物評は全般的に辛口であったが、偏《かたよ》っていた訳ではない。好き嫌いだけで人を見ることはなかった。後に怨敵《おんてき》となる渡辺芳則に対しても「正久が選んだ幹部」という一線を崩さず、「良いところは良い、駄目なところは駄目」を旨《むね》とする公正な観察者であろうとした。その論旨は相手が田岡一雄であろうが、稲川聖城《せいじょう》（稲川会総裁）であろうが一貫していた。

　たとえば田岡に対しては「後継者を早く決めてくれていたら兄貴みたいな問題（一・二六事件）は起こらなかった。田岡のような人間でも、ひとたびトップに上がると、次の代に備えるという気持ちを忘れてしまいがちになるのか」「田岡には人を競わせて忠誠心を試すようなところがあり、自分はそこが気に入らない」という主旨のことを溝口敦に語ったという。もちろん、これは「正久が田岡に心服する気持ちは武さんにも伝わっていたはずだ」（溝口）という前提である。また稲川聖城に対しては博徒としての所作を称賛しつつも、後に山一抗争で見せる政略的な動きには批判的だった。こうした是々非々の人物評の、ほとんど唯一の例外が宅見勝だろう。武が宅見の功績を少しでも評価することはなかった。

　倉田浩司は次のように言う。

「宅見さんのこと？　ああ（武は）嫌いやったな。宅見さんも（武を）嫌いかって？　いや、恐いねん。（武に）面と向かったら、よう口もきけんかったもんな」

取調室の戦い

　高山会長襲撃の実行犯は平尾を含め、大西正一（竹中組系大西組組長）、高山一夫（竹中組幹部）、山下道夫（岡山竹中組若頭補佐）、山田一（竹中組系杉本組組員）の五人である。だが警察は当初、杉本組（杉本明政組長、竹中組若頭、当時）の犯行と疑った。なぜなら津山で殺された小椋は、同地を本拠にする杉本組の代貸し（ナンバーツー）的な存在だったからである。

後年でこそ明かせる事情を、武は語る。

「（実行犯で岡山竹中組所属の）山下、あの子も予定になかったけど、（襲撃部隊の）一人がケツを割ってしもうたからピンチヒッターで行ったようなもんや。岡山から出発する時でも、『親分、行ってきます』言うから、えらいこと言うなあ（と思った）。わしゃ知らん顔しとったよ。（殺人教唆になるから）『行ってこい』とも言えんしやな」

一方、主犯格と疑われて逮捕された杉本明政は取り調べに防戦一方だった。もちろん警察は、正久や武の直接的な指示があったという自供を引き出したい。この二人を逮捕できれば竹中組を壊滅状態に追い込めるのだ。そのため杉本は頭が混乱するほど容赦ない取り調べを受けることになった。

さらに武は続ける。

「姫路事件なんか、みんな渋い（玄人《くろうと》筋が評価する仕事の）ように思ってるやろうが、大して渋くない。若い衆の仕事自体はええ仕事しよるがな、上の者がもうフラフラになってもうた。（勾留期限の）二二日もたたんうちに、（杉本が）わしに面会に来てくれ言うて、『拳銃出してくれ』（と頼んでくる）。拳銃て、わし関係あらへんやないか、おかしなこと言うて。みんなフラついてしもうた訳や。杉本がガンやとか——。ガンであろうが、なんであろうが、そんなもんしょうがないやないか。（ガンであると）自分が言うたか、警察が仕立てたかは知らんけどやな」
警察が「拳銃だけ出せ」と言うのは、捜査が難航した場合の常套句である。銃刀法違反だけで捜査を終わらせる、というそぶりで取引を迫る訳だが、もちろん警察はそこに新たな突破口を見つけ出す。それがわかり切っていても、冷静な判断をさせないほど過酷な取り調べだったことは確かである。兵庫県警は事件のあった昭和五五（一九八〇）年の年末までに竹中組関係者四九人を賭博、銃刀法違反、殺人教唆で逮捕し、徹底的に締め上げた。さらに、なんとしても杉本を主犯に仕立て上げ、武ら幹部にも手を伸ばしたい県警は、杉本が肝臓ガンで余命いくばくもないというニセ情報を流し、動揺した組員から自供を引き出そうとさえした。ただし、調べがいくらきつくてもヤクザが警察に振り回されてどうする、と武は言いたかったのである。
「杉本でもそうや。再逮捕で三べんも四へんも続行で、『起訴するならせえ』と言わんかい」（武）
武の怒りは長らく収まらなかったようだが、正久と同様、武の警察嫌いは徹底していた。じつは兄の良男は特高警察に拷問を受け、後遺症で死亡している。そのことも大いに関係していたのだろう。加えてヤクザの人権を認めない警察権力に対し、妥協するのはヤクザの面汚しだ、という思いが強かったに違いない。ヤクザであることを誇る気はなくても、自分たちの生き方には自負心を持っていたのである。こうした強硬姿勢のため、「竹中組では警察で自供したら片腕を落とされる」というような、ほとんど都市伝説的な噂が立ったことさえある。

　武は警察での取り調べ体験をこう語っている。

「（たとえば）大阪府警がきつい言うても、調べなんかそうきついこともない訳や。因縁つけてくるんや。（取調室に）入る時なんか、『失礼しまーす』言うたら、『声が弱い』やて。わしに向かって喧嘩売るんかい、いうことや。それが入る時も出る時もややから。

　わしらでも正座させられたりして、後藤（忠政）でも司（忍）でもそう言いよった。ところが、兄貴がやられた（無茶を言われた）時に、（逆に）兄貴がかかっていくからやな、『（相手が）防弾チョッキ着とったんやないか。心地悪かった』（と正久が）言うてた。

　あの盛力（健児・盛力会会長）でもそやろがい。自慢のように『（自供を拒むために）舌嚙んで血ぃ出した』言うてるけどやな、（取り調べで寝させてもらえず）自分の眠気でそんなに苦しかったら、わざわざそんなことする必要あらへんやろが。こう言うたらええんや。『お前ら調書もよう取らんのかい。知らなんだら書き方を教えたらあ。問《とい》、黙して語らず。問、黙して語らず。それでええやないか』

　ただ兄貴は警察には強かったけど、たいがい争って一度も無罪は取れんかったわなあ。わしが無罪になった時に、生きとったら喜んだやろなあ。死んでもうてからや」

手打ち破りとは言わせん

姫路事件には第二幕があった。高山会長射殺事件の実行犯が判明する以前の同年（昭和五五［一九八〇］年）七月、当の杉本組組員二名が木下会系島津組の幹部に発砲し、重傷を負わせたのである。この事件をきっかけに、武と木下会三代目会長・大崎圭二（高山雅裕会長の後継）の間で話し合いが持たれた。その場で姫路事件のそもそもの発端が再確認されている。

武は、小椋射殺事件の犯人を木下会はなぜ破門しなかったのか、と大崎に問いただした。すると大崎は、犯人の破門状は確かに出したのだという。そうなれば、事件は竹中組の完全な手打ち破りということになってしまう。しかし大崎の答えを予想していた武は次のように応じた。

「『おお、破門状《じょう》は出しとらあ。ただし、仏が出た（小椋が殺された）のは一月の一〇日やど。お前とこが破門状《じょう》出しとるのは、女を取ったとか取られたいうんで一月八日付やないか。仏が出てからの話と違う。一月の八日に破門した者がやな、（その破門状と）なんの関係があるんやこの事件（小椋殺し）と。（手打ちの条件を知っている）偉い人はみんな生きとるんや、白龍会の会長やらな。ようもういっぺん調べ直して来い』言うてやな」

つまり小椋殺しの犯人は確かに破門状を出されていたが、小椋殺しとは別件の破門状だった。だから木下会は手打ちの条件を満たしていない。条件破りの高山会長に責任がある、と武は言ったのである。

事件の詳細を知らなかった大崎の再調査により、ひとまず双方に誤解があったことはわかった。それでも竹中組の手打ち破りという批判は消えず、武は後年まで一抹の悔いを引きずることになった。「筋違い」は武が最も嫌うことなのである。

武―大崎会談の後、正久は自ら高山会長の葬儀に出て木下会に弔意を示した。最終的には死亡した高山会長とボディーガードの木下会組員に対し、竹中組からそれぞれに五〇〇万円ずつの香典が贈られ、姫路事件はようやく決着を見た。

高山会長らを殺傷した竹中組の襲撃犯五人は、リーダー役の平尾光に懲役二〇年の実刑が打たれたのを始め、軒並み長期服役を余儀なくされた。彼らの多くが出所するのは、竹中組が山口組を離脱して以降のことになる。

菅谷組絶縁

大阪戦争における山本広の消極性が、正久に不信感を抱かせたことは前記した。加えてもう一点、正久が問題視する事件があった。菅谷政雄・菅谷組組長の絶縁問題である。この時の正久の対応は、後年の「中野会問題」における武の行動に関連するので概略を説明しておこう。

菅谷は大阪戦争勃発の直後、独断で松田組と和解工作を進めて田岡の怒りを買い、謹慎処分を受けていた。正久の口添えで謹慎はほどなく解かれたが、昭和五二（一九七七）年四月、今度は傘下の川内組組長・川内弘暗殺という重大事件を起こした。川内組は菅谷組の直参だが、福井市を中心に三六〇人ほどの組員を抱え、川内は「北陸の帝王」と呼ばれるほどの勢いだった。川内は山口組直系への昇格を望んだものの、菅谷はこれを認めない。すると川内は菅谷の頭越しに山口組幹部（山本広とされる）に接触し、昇格運動を展開。これに怒った菅谷が福井へヒットマンを送り、川内を射殺したのである。

山口組幹部会は即座に菅谷を絶縁したが、菅谷は組の解散も自身の引退も拒み続けた。

菅谷政雄は戦前から神戸三宮を中心に愚連隊として暗躍し、戦後に山口組入りしてからは、最盛期一二〇〇人の配下を抱えた大物ヤクザである。また山本健一の若頭就任時には、先に内定していた山本広を下ろすための説得工作を行い、山本健一に貸しを作っている。そのため菅谷は幹部たちを格下扱いするところがあり、幹部会は感情的な対立もあって絶縁を決めたという見方もある。

理由はともあれ、絶縁したヤクザがヤクザであり続ければ、山口組と田岡一雄の威信は地に落ちる。幹部として責任を痛感していた正久は、同じく若頭補佐だった中山勝正（豪友会《ごうゆう》会長）とともに動き、四年にわたって独立組織を維持する菅谷を引退させた。その上で菅谷には「『引退する』ではあかん。『引退しました』と言うんやで」と念を押し、田岡に引き合わせた。その際、正久はもし菅谷が引退を拒めば自分の手で殺す覚悟を決めている。山口組幹部としての責任は、正久にとってそのくらい重いものだったのである。

この時点での若頭補佐は山本広、小田秀臣、中西一男、竹中正久、益田佳於、加茂田重政、中山勝正、溝橋正夫の八人だった。しかし筆頭格の山本広はやはり菅谷問題でなんの動きも起こさなかった。これで山本広に対する正久の不信感は決定的になった。武はこの問題で口をはさむ立場にはなかったが、注意深く経緯を見守っていたはずである。

田岡、山健死す

菅谷が引退して一ヵ月余り経った昭和五六（一九八一）年七月二三日、長らく病床にあった田岡一雄が心不全で死亡。一〇月二五日、山口組組葬が営まれた。だが、その場に若頭・山本健一の姿はなかった。山本健一は大阪戦争終結後、大阪府警に逮捕され、そのまま勾留されていたのである。容疑は、山本健一が病気保釈中に大阪戦争の指揮を執り、その間、無断で一週間以上住居を空けた「住居制限違反」という異例のものだった。

田岡の組葬の直後、今度は正久が、武、杉本明政（竹中組内杉本組組長）、大西康雄（竹中組若頭補佐）らとともに賭博の容疑で逮捕された。

正久が勾留中の翌五七（一九八二）年一月、山本健一が肝臓病の悪化で刑の執行停止を受け、二週間後の二月四日に死亡。田岡の後継と目されていた山本健一が世を去ったことにより、山口組には権力の空白が生じた。

その空白をかろうじて埋めたのは田岡フミ子（田岡一雄夫人）である。筆頭若頭補佐の山本広が山口組組長代行に就いた後、フミ子は正久に若頭就任を打診した。正久は固辞して中山勝正を推し、武も正久の若頭就任には反対だった。倉田浩司によれば、武はもともと四代目には細田利明（細田組組長）を推していたのだという。ところが細田は銃器所持の関連で警察の策略にはめられ、すでに引退している。そうなれば中山勝正しかいないという結論だったようだ。

「ほんまは『（四代目には）細田がええ』って、武のおっさんは言うとったんや。ところが細田は道具（拳銃）の件で下手打ってもうたやろ。けど、『細田がなったら兄貴よりうまいことといってたんや』言うてた。『兄貴（正久）も（四代目になったら）四、五年で辞める言うとったんや。豪友（中山勝正）に代をやるて。だから豪友にやらせとったらええねん。こんな（正久のような）田舎もんの、ごじゃもんがやったって一緒や』と、武のおっさんは話しとった」（倉田）

正久も武も、細田利明、中山勝正とは付き合いが長く、肝胆《かんたん》相照らしあった仲である。その資質を公正に評価していたことは間違いない。恐らく「まとめ役として適任」と判断し、加えて「この二人の盃なら飲める」という気持ちもあったことだろう。

細田にたびたび取材している溝口敦はこう語る。

「武さんの細田さんに対する評価は、正久と同じじゃないか。ああいう状態（細田引退）になったけど、正久と細田さんは終生の友でしょう。武さんもそのことを十分承知で、兄貴の友情を引き継ぐという気持ちでしょう。

細田さんはクレバーですよ。記憶力もいいし人柄もいいしね。事業家として成功するだろうと思わせるところはある。事実、（引退後に）成功したけどね」

武が細田を推すには十分な理由があったのだろうが、さらに武の発言を考えると、正久が大組織のトップには向いていない、と捉えていたことがわかる。一人のヤクザとしてはこの上なく尊敬しても、若頭や当代のタイプではないと感じる理由が確かにあったのだろう。考えようによっては、四代目就任後の正久の悲劇を予感させる虫の知らせがあったのかもしれない。

山広―正久の暗闘

ともあれ、若頭就任を断るつもりの正久は最終的にフミ子に泣き落とされ、四代目を狙う山本広派の異論を抑えこむ形で若頭に就任。同年（昭和五七［一九八二］年）六月半ば、山本広組長代行―竹中正久若頭の暫定体制がスタートする。しかし四代目襲名の野望を隠そうともせず、多数派工作に走る山本広に対して正久は嫌悪感を抱いていた。大阪戦争、菅谷問題でなんら責任を果たさなかった山本広に山口組組長の資格はないと見ていたし、まして自分が山本広の下に付くことなど考えられない。いきおい正久は山本広四代目阻止の急先鋒に立つことになる。しかし状況はきわめて厳しかった。当時八六人の直系組長のうち、山本広支持派が四〇～五〇人を固めていたのに対し、正久支持派は二〇人弱。山本広の盃を飲む気がない正久は、山口組脱退覚悟で対峙するしかなかった。

本命の山本広に比べ、正久がいかに穴馬的な存在だったかは元山口組顧問弁護士・山之内幸夫の証言でわかる。

「その頃は山口組の顧問弁護士になるちょっと前でしたけど、組の幹部の弁護はいろいろやってました。だけど竹中いう名前は、四代目レースが始まってから初めて知ったくらいの感じですね。神戸や大阪の極道ならともかく、姫路の田舎極道が四代目候補やなんて考えられんかった。宅見（勝）さんや岸本（才三）さんらが姐さん（田岡フミ子）に働きかけて、一生懸命に竹中を推してたんやけどね。とくに宅見さんは五代目の時もそうやけど、陰の仕掛けが生きがいみたいな人やったし」

八月に入り、正久と内妻・中山きよみが脱税容疑で指名手配され、同じく脱税の共謀容疑をかけられた武とともに逮捕された。正久の不在を待っていたように山本広派は四代目決定の決議を急ぐが、これは田岡フミ子が阻止。翌五八（一九八三）年六月に正久が保釈されると、小西音松、大平一雄、白神英雄の長老三人が竹中組事務所を訪ね、山本広を短期間のワンポイントリリーフで四代目に就けるよう提案する。もちろん正久は首を縦に振らない。現状の暫定体制を継続し、その間に若手を育て、みなで守り立てて四代目に就かせたいという考えを三人に伝えた。

この頃、武も同様の打診を受け、こう答えたという。

「一年間だけでも山広にさせたってくれ言うから、『一年でも二年でもさせたったらええやないか』と、わしはそこまで言うたったんやで」

当時、武には正久ほどの山本広アレルギーはなかったはずだし、正久が四代目の座を積極的に欲しがっている訳ではない以上、山口組のややこしい権力争いに巻き込まれるのは無駄だ、という感覚だったかもしれない。

その上、武は相変わらず山口組と自分を切り離して考えていた。

「大阪で大城《おおしろ》という奴がおったやろ。清水いう菅谷の舎弟がおって、岡山の出やけどな。それ（清水）と大城が兄弟分やったから、わしのとこ来て舎弟にしたってくれ（と言う）。『大城、言うとくぞ。お前、山口組の竹中組と思って来よったらあかんぞ。兄貴が山口組の若頭しとるけど、仮に四代目になったとしても、わしゃ付いて行かへんかもわからんぞ』と、はっきり言うたった」（武）

こんな調子である。

一方、すでに兵庫県警によって「三代目姐《あね》（組長と同等の権限を有する者）」と認定されていたフミ子は「少数精鋭でも警察に強い山口組を作る」との意向を固め、正久の四代目決定に向けて精力的に動き出していた。竹中派の中山勝正、岸本才三、宅見勝という交渉術にたけた面々が有力組長を説得し、徐々に劣勢を挽回していく。そしてその間、正久の肝いりで二代目山健組組長に渡辺芳則が就いている。

「長い目で見たらわからんけど、兄貴（正久）が渡辺を買《こ》うとったのは買うとったわな。年が若いしするからな。はっきり言うたら、（正久は他の山健組組員と）あまり付き合いがなかったいうんかな。わしらから見たら中野（太郎・山健組舎弟、当時）の方がヤクザとしては一枚も二枚も上手《うわて》やけどな」（武）

武の評価とは別に、渡辺は正久の眼鏡に適《かな》っていたようだ。渡辺は故・山本健一が若頭に就けた男だから、その遺志に沿う気持ちも正久にはあったに違いない。こうした流れで山健組も正久支持に回った。

かたや山本広派では山本広自身が求心力を発揮できず、同派幹部たちも積極的には動かない。さらにフミ子が正久支持を打ち出したことにより、竹中派への鞍替え組が多数出ていた。次第にその気になりかけていた正久ではあったが、時の勢いに乗り、事態は正久の思惑を超えた速度で進んでいく。

昭和五九（一九八四）年六月五日、フミ子は田岡邸で開かれた直系組長会議の席上、「田岡一雄の遺志が山本健一四代目組長―竹中正久若頭の体制であった」ことを明言し、「山本健一亡き今、竹中正久を四代目組長に推薦する」と挨拶。正久はこれを受けた。竹中正久・山口組四代目組長の誕生である。

なお、司会の中西一男は会議の欠席者に向け「山口組に戻る者は拒まず、帰る気のない者には代紋の使用を禁止する」と呼びかけた。


この会議に欠席した山本広派は同日、大阪市内の松美会（松本勝美組長）事務所で竹中四代目反対の記者会見を開いた。出席者は山本広をはじめ、加茂田重政、溝橋正夫、佐々木道雄、北山悟、松本勝美ら二〇名である。彼らは、「山口組を出て同志的な形で付き合う会合を持つ」と宣言。一三日に一和会の名称と丸形の代紋を決めた。

「兵庫県警の当初の発表では、竹中山口組の参加者は四十二直系組長、四千六百九十人、対する一和会側は三十四直系組長、六千二十一人で、大組織の多い一和会側の勢力がまさっていた。だが、中立と見られていた岐阜や別府の組織が山口組にとどまり、数日を経ずして山口組の優位が確定した。半年後の五十九年末の勢力は、山口組が八十五直系組長、一万四百人の構成員を数えたのに対し、一和会側は二千八百人と半減していた（兵庫県警調査）」（『山口組四代目　荒らぶる獅子』）

一和会組織図

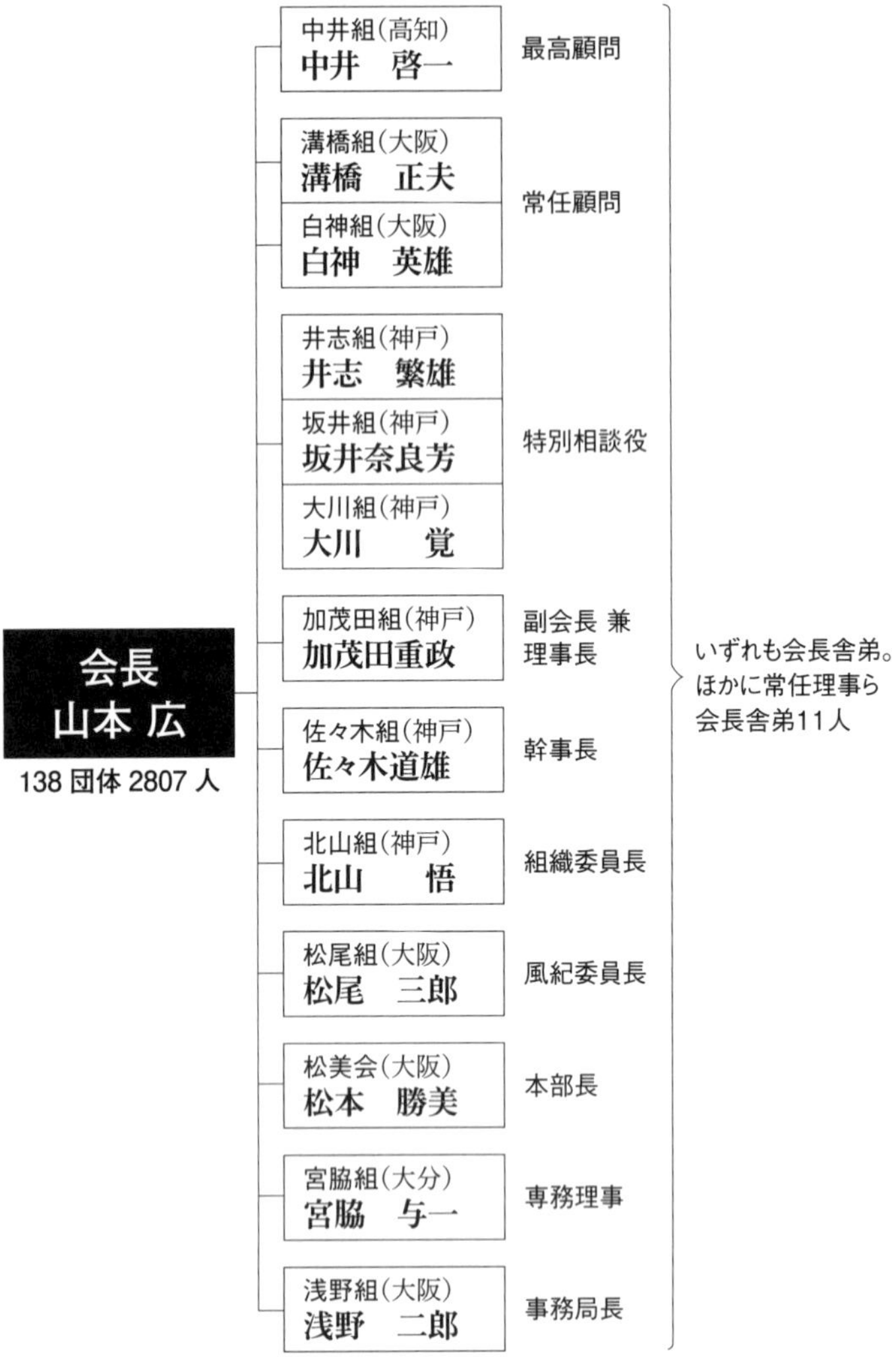

会長
山本 広
138団体2807人
中井組(高知)
中井　啓一
最高顧問
溝橋組(大阪)
溝橋　正夫
白神組(大阪)
白神　英雄
常任顧問
井志組(神戸)
井志　繁雄
坂井組(神戸)
坂井奈良芳
大川組(神戸)
大川　覚
特別相談役
加茂田組(神戸)
加茂田重政
副会長 兼
理事長
佐々木組(神戸)
佐々木道雄
幹事長
北山組(神戸)
北山　悟
組織委員長
松尾組(大阪)
松尾　三郎
風紀委員長
松美会(大阪)
松本　勝美
本部長
宮脇組(大分)
宮脇　与一
専務理事
浅野組(大阪)
浅野　二郎
事務局長
いずれも会長舎弟。
ほかに常任理事ら
会長舎弟11人

第三章

四代目山口組の暗雲

正久の四代目山口組組長就任に伴い
武が竹中組組長を襲名した際の盃

兄貴にぶつける「ごじゃ」

　ひとまず竹中四代目体制の滑り出しは順調だった。ただし正久は竹中組内部の調整に手間取っていた。武がちょっとした「ごじゃ」を言い出したのだ。

「わしら竹中組の時は（正久と）盃もなにもしてへんのにやな、うちの兄貴が四代目になったからいうてな、盃なんかすると思わへん。そしたら（山口組の名簿の）若い衆のところに（自分の名前が）載っとるがな。『いらんわ』言おうと思っとったがな、（組が）割れても（まずい）と思うて、しょうことなしに（盃を）したんや。

　四代目の姐（中山きよみ）が知っとる。

『あんた（正久）、武さんに（盃のこと）頼んだんかい』

『それとなく言うとんがい』

『それとなくではあかんやないか。はっきり頼まなあかんやないか。——私、そう言うたんよ』

そんな話を姐と兄貴はしとったらしいが、それやったら竹中組の時に（盃を）したらええのよ、舎弟でもなんでもやな。兄貴が四代目になったって、盃せえへんもんやと思っとったがい。盃なんかする言うとったら、わしはわしでいっとる。（独立組織の）岡山竹中組でいっとる。

その方がええんや。誰にも、あーやとか、こーやとか言われへんで。問題起こした時も、第三者的で動きやすいからやな。竹中組は竹中組いう話や。山口組なんか別にかめへん。そのくらいのこと言うがな。言う口持っとんのやから」（武）

いくら正久が山口組四代目であろうと、兄は兄、自分は自分。何事にも縛られず我が道を行く、という武らしい発想ではある。ヤクザの筋からいっても、「一方的な都合だけで盃は飲めない」という正論であるから、どうにも正久は旗色が悪い。武は四代目の実弟であることの利点など頭にもなく、かえって組織に取り込まれる窮屈さを嫌ったのである。

とはいえ、竹中組における武の力量と存在感は関係者に知れ渡っている。しかも当代の実弟が山口組入りを拒否したとあっては只事ではすまない。正久も言い出したら聞かない武の気性を知りつくしているだけに往生したはずだが、ここは兄弟のよしみに頼るしかない。結局、武は正久の立場を思いやって盃を飲み、山口組直系組長の一人に渋々ながら名を連ねた。

一筋縄ではいかない武と正久の兄弟仲について、倉田浩司が語る。

「仲がえぇのは、もって一週間。一緒におっても、あるタイミングで急に二人で部屋に入って大声で言い争いしよる。こうなったら誰もなにも言えへん。それでもやっぱり兄弟や。帰りがけに武のおっさんが『兄貴、そなら帰るで』言うたら、『おう、武、ほならまたな』言うて、ご機嫌ようなるんや。ほんまは仲えぇ。

その後、わしと武のおっさんはこんな話をする訳や。

『お兄さんに言い過ぎとちゃうんか』

『放っといてくれ。まちごうとるもんは、まちごうとるんや。酔いしれとるんや、あのアホーは』

――まあ、イエスマンじゃないことは確かや」

竹中組内部での役割分担はどうなっていたのだろうか。

「お兄さん（正久）は早くから直系組長やったから、相談事があってもみんな直接よう言わへん。それで武のおっさんのとこへ行きよんねん。そしたらおっさんは『わしがみな話したる』言うて自分が出しゃばっていきよったわ。

お兄さんが四代目になる前から、（竹中）組のことは武のおっさんが仕切ってたわな。ただ（他の組織を）攻める時は断りを入れとるよ、山口組の執行部に。単独ではせえへん。当時は二〇〇〇～三〇〇〇人、（竹中組の系列）組員がおったんとちゃうかな。（山口組も）北海道から九州まで支部がある全国組織やから、攻めに行くときは『うちに行かしてくれ』言うて、（山口組）執行部との確認はしとった」（倉田）

二代目にはならへん

正久は山口組の当代（現役組長）に上がった時点で竹中組組長の座を外れることになる。山口組では、一次団体のトップに立つ当代は二次団体（直系組）の組長の座を後継者に譲り、二代目を名乗らせるのが通例である。順当なら武が二代目竹中組を継ぐ流れだが、そういう結論にはならなかった。この問題を語る前提として、竹中組の成り立ちを再度説明しておこう。

竹中組はもともと姫路の愚連隊だったが、昭和三六（一九六一）年に正久が田岡一雄の盃を受け、山口組の直系になる。翌三七（一九六二）年、武が組員のトラブル処理をきっかけに岡山へ移住。そのまま岡山竹中組を設立した。もちろん姫路には正久の竹中組本部事務所がある。武は竹中組の副組長と岡山竹中組の組長を兼ねる立場だった。そうした背景をもとに、武と正久は次のような話をしている。

「わしは（竹中組の）二代目やなんやいらんと兄貴に言った。二代目を継いだら三代目にバトンタッチせなあかんけど、その自信がないからやな、竹中組は（初代のままの）竹中組でいくということでな」（武）

武の言葉を解説すれば、以下のようなことだろう。武が二代目として竹中組を正久から預かる形になれば、正久への責任上、次の後継者（三代目）に渡すまで組を潰す訳にはいかない。しかしそのことを、正久に対して十分な責任を持って請け負えない。そのかわり、正久とともに自分も作り手の一人である初代竹中組のままであれば、預かり物ではない。たとえ組を潰す結果になっても、正久への不義理にはならない。今まで通り自己責任で運営できる、ということだろう。要するに考え方の筋の問題である。武にとっては「筋は理屈の積み重ね」という感覚だったから、このような思考を順次深めていくことになる。さらに本音を言えば、武は山口組の都合にはとらわれず、実際に一本独鈷《いっぽんどっこ》（独立組織）を通したい気持ちもあったに違いない。

「兄貴が言うたのは、それやったらそれでええから、岡山竹中組を二代目岡山竹中組にして、貝崎（忠美）に（継承）させたったらどないぞと」（武）

貝崎忠美という人物は先に紹介した。昭和四七（一九七二）年三月、竹中組の幹部三人が姫路市内で次々に刺された際、正久も襲われたものと思い込み、警官隊に連行されていた犯人を刺殺した組員である。貝崎は岡山竹中組に在籍し、武の子飼いだった。事件当時二一歳だった貝崎は懲役一二年の判決を受けて服役後、仮釈放されている。

竹中組が二代目を立てる必要があるのなら、武も自分が作った岡山竹中組を貝崎に譲り、二代目岡山竹中組として直系に上げる方が自己責任を果たせると考えたのだろう。それで正久の提案に同意したのである。武の理屈で言えば、二代目に岡山竹中組を渡した時点で、初代組長としての武の責任は果たしたと言えるのだ。ところがこの案は実現せず、姫路の竹中組も岡山竹中組も二代目を名乗ることはなかった。結果的に武は初代竹中組組長として直系に上がることになる。

「（貝崎は）その（刺殺事件の）時に活躍してメンツも立っとるし、まあ懲役まで行っとるし、ちょうど仮釈（仮釈放）もろうて出ておったからやな。その子（貝崎）を（岡山竹中組の二代目に）したらええとわしも考えて、そう言うとった。でも、それをする期間もなかった。兄貴が殺されてもうたから」（武）

幹部人事の波紋

もちろん、四代目襲名から七ヵ月足らずの後に正久が暗殺されることなど知る由もなく、船出したばかりの四代目山口組では幹部人事が急がれていた。若頭は正久が以前から評価していた中山勝正（豪友会、高知）を指名してすんなり決まったが、若頭補佐の任命は難航した。

「中山勝正が兄貴（正久）に相談する前に、渡辺（芳則・山健組）と宅見（勝・宅見組）に『お前ら（若頭補佐として）協力してくれよ』ということをすでに言うてもうとった。ほな兄貴がそれから後に、『お前、使いやすい者を二人推薦せい』と（中山に）言うた時に、『神戸の渡辺と、大阪の宅見というふうに思うとんや』と言うたらやな、『渡辺はいいけれども、宅見はちょっと待て』と、こうなったんや。宅見はそういうこと聞いとるから、一生懸命『竹中、竹中』と岸本（才三・岸本組）らと田岡フミ子に推しとるのに、渡辺は自分より若いのに若頭補佐《ほさ》を了解してやな、自分（宅見）はちょっと待て、というような（ことを正久が言ったと）。

（けれども）兄貴は兄貴の考えがあった訳や。というのは、柳川（旧柳川組）の四者、藤原定太郎（藤原会）やとか、石田章六（章友会）やとか、この四者（筆者注：その他、野澤儀太郎・一《はじめ》会、金田三俊・金田組を含める）をどういうような処遇にするか。若い衆（直系の子分）にするか、舎弟（兄弟分）にするか。若い衆にするんやったら、四者のうち二者を幹部（若頭補佐）にすると。この問題があったから、『宅見は（柳川の四者と地域が重なる）大阪やからちょっと待て』と言うた訳や」（武）

柳川組は在日韓国人の柳川次郎（梁元錫）が率いる愚連隊だった。昭和三四（一九五九）年、柳川次郎が地道行雄（三代目山口組若頭）の舎弟となって山口組入り。柳川組は大阪を地盤に「殺しの軍団」と呼ばれるほど獰猛《どうもう》な戦闘力を発揮し、一時は一七〇〇名の組員を抱えた。しかし谷川康太郎（康東華）が二代目を継いだ直後の昭和四四（一九六九）年、警察の第一次頂上作戦で解散に追い込まれ、山口組から絶縁された。その際、柳川組四天王と言われた藤原定太郎、石田章六、野澤儀太郎、金田三俊は、田岡一雄のとりなしで山口組直系組長に上がっている。武が言う「柳川の四者」がそれに当たる。

なお、柳川次郎は「組を解散させなければ韓国に強制送還する」と警察当局に脅され、谷川康太郎に柳川組解散を説得したとされる。そのために以降、山口組は外国籍の者を当代に就けないという不文律が生まれたとも言われる。

「ほんなら（中山は）困ってもうたんや。宅見に（若頭補佐に上げると）中山は言うてもうとるもんやから、『あんな言うたけど、あかんようになった』なんて言われんから、相談役（竹中正）のところに行っとる訳や。『じつは下手打ってもうたんや。宅見はちょっと待てと言われたんや』と。宅見はその時、兄貴に一生懸命、協力しとるのにやな、ちょっと僻目《ひがめ》になっとる（偏見を持っとる）のや。その事情（旧柳川組の四天王との兼ね合い）をわからんとな」（武）

宅見は山口組で傍流の立場から山本健一に接近し、その厚い信頼を得て地位を築いてきた。しかし正久の信頼はなかなか得られず、さらに武も宅見の昇格運動にはいい返事をしなかったという。

「宅見とこの（内妻の）西城秀樹の姉が、（自分で経営する）大阪のミナミの店で『うちのをよろしく』と（わしに）頼んだ。『お客の前で困るやないか、こんな机（テーブル）のとこで』。わしもズバッと言うてしまうからやな、お客の前で。そういうようなことで、（宅見はわしが）ええように思うてくれへんと考えとったんちゃうか」（武）

この時期、正久も同じように宅見の内妻から昇格依頼を受けたのだが、その時もはねつけていた。もともと正久は山本健一とは違い、宅見の柔軟な処世術を無節操と見なしていた様子がある。親分をたやすく取り替えたり、頭越しに昇格運動をしたりという功利主義を正久は基本的に嫌っていたのである。山本健一にしたところで宅見とは正反対のタイプだが、武や正久とはだいぶ脇の締め方が違う。

「一番最初、横浜の益田（佳於・若頭補佐、当時）なんかは、自分ら（正久と武）は兄弟でおるから、四代目結成と同時に、わしを幹部（若頭補佐）にと。小西（音松・小西一家総長）とこは若い衆を幹部に上げるなら、英《はなぶさ》（五郎、小西一家若頭、当時）を若頭補佐《ほさ》でどうやいう話やったんや。兄貴もそない言いよった。まあ、（わしの幹部入りは）身びいきみたいになるから、時期はちょっと後（にしとこう）や、いうような話で断ったんやが。

その時に、（中山が）『えらいことした（宅見に空手形を切ってしまった）』言うてやなあ。自分が大阪に部屋を買うてもろうとる訳や、宅見に。（だから）その日のうちに（中山から内部情報が）向こう（宅見）の耳に入っとる。恐い、恐いねん」（武）

武の話は当事者の体験談だけに生々しいが、それでも人事を巡る舞台裏の一部に過ぎないのだろう。たとえば宅見などは、マンションの一部屋を中山に買い与えて若頭補佐の座が得られるなら、格安の投資と考えていたはずである。ともあれ、こういった話が頻繁に飛び交うほど、幹部人事は各直系組長たちの人生を大きく左右し、結果として山口組の将来をも決定づけるのである。

運命の義絶状

四代目組長になった正久は六月二一日、一三人と舎弟の盃、四六人と若中《わかなか》（直系若衆）の盃を交わし、六月二三日には新人事を決めた。ここで四代目山口組の主要な人事を見ておこう。

舎弟頭・中西一男（中西組、大阪）。以下、舎弟頭補佐・益田佳於（益田組、横浜）、大平一雄（大平組、尼崎）、小西音松（小西一家、神戸）、伊豆健児（伊豆組、福岡）。

若頭・中山勝正（豪友会、高知）。以下、若頭補佐・岸本才三（本部長兼任　岸本組、神戸）、渡辺芳則（二代目山健組、神戸）、宅見勝（宅見組、大阪）、嘉陽《かよう》宗輝（嘉陽組、大阪）、桂木正夫（一心会、大阪）、木村茂夫（五代目角定一家、福島）。

その他、滝澤孝（國領屋下垂一家、静岡）、司忍（弘道会、愛知）、竹中武（竹中組、岡山）ら一五人が新たに直系組長に上がり、後藤忠政（後藤組、静岡）も七月に直系昇格を果たしている。

正久が好き嫌いにとらわれず、バランスのいい人事を心掛けたことは宅見の昇格を見ればわかる。宅見は念願かなって若頭補佐の座を手に入れ、結果的に中山若頭の顔も立ったことになる。同時に山本広派のベテラン組長が去ったことによって、若返りが図れたことも正久には好都合だった。なお、旧柳川組四天王のうち、石田章六、野澤儀太郎、金田三俊の三名は舎弟に直った。また弘田組の若頭だった司忍は、一和会支持の弘田武志組長を説得して引退させ、自ら弘道会を結成して山口組直系組長に上がった。

正久の四代目襲名式は七月一〇日、兵庫県警、大阪府警の目をかいくぐるように徳島県鳴門市の「観光ホテル鳴門」で執り行われた。田岡フミ子の依頼で後見人は稲川会・稲川聖城が務め、取り持ち人は諏訪一家・諏訪健治、推薦人には会津小鉄会・図越《ずこし》利一、大日本平和会・平田勝義、住吉連合会・堀政夫らの有力組織代表が名を連ねた。

正久の前途は明るいものに見えたが、一点の曇りをもたらしたのは、一和会に向けた「義絶状」だった。その要旨は「斯道《しどう》の本質を失いたる不逞不遜《ふていふそん》の行為は断じて容認なしがたく、当山口組は永久にいっさいの関係を断絶するものであります」との一節にある。八月二三日付で関係団体に送られたこの書状は、山口組の一和会に対する方針を正式に表明するものとなった。一和会との付き合い方をどうすべきか、成り行きを見守っていた他団体は、山口組から一和会への宣戦布告がなされたものと受け取った。

「義絶状みたいなもん、わしが知っとったら出させへん。そんなん理屈に合わへんやろに。『一和会なんか認めてへん』言うてんやろがに。認めてへんのに、なんでそんな義絶やとか、付き合いせんとか、関係ないやろがい。

宅見が（四代目襲名式の）媒酌人の津村（和磨・大野一家義信会会長）に（義絶状を）作らせ

て、その内容がもっと厳しいやつやったから、中西（一男）が見て、『これはさすがにきつ過ぎるさかい』言うて、直してゆるうしてあれや。もとは宅見が一番悪いんや」（武）

正久は義絶状の送付に慎重だったと言われるが、中山若頭以下、執行部の上申を正久は承諾したのである。この義絶状は宅見の発案だった訳だから、早くも執行部内で主導権を握りつつあったこともうかがえる。宅見の攻撃術は、「強い敵は自陣に取り込み、弱り目の敵は一気にたたく」という基本スタイルだが、他団体との外交戦略を担う執行部にしても、一和会に対する序盤戦の優位を義絶状で早めに決定づけたい気持ちがあったことだろう。一方、武はこの時点で、まだ一和会を敵とさえ見なしていない。前記した通り「一年でも二年でも（山本広に四代目を）させたったらええやないか」と発言していたくらいだから、「山口組内部の行き違いで、つまらぬ兄弟喧嘩を引き起こした」というほどの認識だろう。さらに言えば「ややこしい時期に兄貴が四代目なんか引き受けるから、言わんこっちゃない」と考えていたかもしれない。

この義絶状によって分裂劇は山口組内部の兄弟喧嘩ですまされなくなり、一和会は業界での行き場を失いかねなくなった。まして山本広派に対する竹中派の切り崩しは、四代目体制の発足以前から効果を上げていた。その手法は、アメとムチによる内部攪乱《かくらん》である。宅見らの幹部は、山本広派組織のトップを飛び越えて、その下に付く有力幹部に接近。四代目体制での優遇を約束して引き抜きを図り、拒否されればシノギで対抗馬を立てるなどして露骨に締めつけた。たとえば一和会の重鎮だった小田秀臣（小田秀組組長）は、三人の組幹部が配下を引き連れて山口組に走るのを止められず、小田自身は引退せざるを得なかった。その後、小田秀組の三人の幹部は正久の盃を受けて直系組長に上がっている。切り崩しの効果は山菱の代紋（＝山口組の代紋）の威力があってのことだが、黒沢組（黒沢明組長、大阪）、弘田組（弘田武志組長、名古屋）、伊堂組（伊堂敏雄組長、静岡）、鈴国組（鈴木国太郎組長、静岡）、滝澤組（滝澤仁志組長、静岡）でも同様のことが起こっている。つまり山本広支持派の当代組長は引退、組織は四代目山口組へ、という流れである。宅見もこの時、元の親分である福井英夫（福井組組長）が一和会へ走ろうとしたのを止め、引退させている。こうした劣勢が続く一和会にとって義絶状は致命的だった。昨日までの兄弟分からヤクザ失格呼ばわりされ、他団体にも絶縁を呼びかけるものだったからである。そして実際に義絶状の送付以降、一和会の下部組織は雪崩《なだれ》を打つように山口組へ吸収されていった。

正久暗殺部隊

石川裕雄（悟道連合会会長）が、正久暗殺を決意したのはその頃であったという。山口組系北山組（北山悟組長）の若衆だった石川は昭和四七（一九七二）年の夏、同じ山口組系小西一家の若頭を斬殺する事件を起こしている。相手の若頭は山口組で禁じられている覚醒剤の売買を手がけ、なおかつ北山組の組員に卸していた。石川の再三にわたる中止要請に若頭はとうとう逆ギレし、談判の場で発砲。石川が日本刀で返り討ちにしたのである。傷害致死で五年間服役した石川は出所後にアメリカへ渡り、空手の腕を磨くとともに射撃訓練も受けている。一時期、傭兵部隊への入隊も考えていた石川だったが、大阪戦争の最中に帰国後は北山の求めに応じて組に復帰。山口組分裂後も一和会組織委員長となった北山に寄り添い、北山組若頭から一和会直参（常任理事）に昇格していた。

その直後、山口組に走った北山組の若衆を悟道連合会の組員が銃撃して重傷を負わせ、さらに北山組に絶縁された元組員が宅見の舎弟盃を受けたと知った石川は、宅見暗殺を計画している。一和会内部の役割分担でいうと、二代目山広組（東健二組長）が正久を、佐々木組（佐々木道雄組長、一和会幹事長）が武を、北山組が宅見を、それぞれ襲撃する申し合わせがあった。しかし同時期、石川は東健二から正久の愛人宅に関する情報を聞き、標的を宅見から正久に切り替えたという。

武は、そのいきさつを次のように語っている。

「北山（北山組）や原（北山組内原連合）やとかにおった奴を宅見が拾うたもんやから、原の事務所の前かなんかで（宅見の）若い衆が刺された訳や、石川（裕雄）の若い衆かなんかに。（宅見は）今度、自分も狙われるかもしれへんいうような心配してやな、宅見が直接言うとんのとは違うけれど、『四代目は江坂《えさか》の（マンションの）どこそこにおるぞ』ということを誰かに言わしとんねん。そんな男やから」

正久は新大阪駅から五キロほどの距離にあるマンション「ＧＳハイム第二江坂」に愛人を住まわせ、限られた側近たちと麻雀の卓を囲むこともあった。このマンションが正久暗殺の現場になるのだが、情報漏洩《ろうえい》に宅見が関与したのではないかと武は疑っている。ただし、一和会の情報キャッチとほぼ同時に、大阪府警も江坂情報をつかんでいる。それほど正久の行動は無防備であり、どこから情報がもれてもおかしくなかった。その点については武も認めている。

「あのマンションでもやな、なんやかや麻雀でもしよるて聞いたからやな。この間やめた須藤（潤、須藤組組長）が言ってた。

『親分（正久）、岡山の親分が心配してまっせ』

『なんで（武が）知っとんぞ』

『そんなもん聞いとりまんがな』

『武にだけは、わかったらかなわんぞ』

『なんででんの』

『昔、女のことで、わしゃ（武に）説教したことがあるからやな、こんなことで逆に説教されたら格好つかへんねん』

――そういうて聞いてもうたから、わしもあまり言われへんからやな」（武）

正久の照れ臭さと、武の遠慮が仇《あだ》になり、警備問題の突っ込んだ話し合いにはならなかった。また竹中兄弟を古くから知る元捜査員も、江坂に住む正久の愛人について同僚から噂話を聞かされ、正久と次のような会話をしていた。

「『おい、コレ（女）囲うて置いとんのとちゃうんか』

『いやあ、あれは中山（勝正）の舎弟のコレでんがな』

『そうやろな、あんたは女嫌いやもんな。他の奴の女やったらいいけどもやな、もしもあんたの女やったら、いつ誰が狙うてくるかわからへんからな。それやったら安心したわ。別にどういうことないわ』

——そうわしは言うとったけど、本人はグサッと来たんちゃうか」

江坂の件は現場捜査員の噂話になっていたくらいだから、とても極秘情報と言えるレベルではなかった。そして正久自身も捜査員との会話で、愛人宅が割れていると感じてもおかしくはなかったのだ。

一〇月半ば、二代目山広組若頭の後藤栄治（後藤組組長）は、舎弟の長野修一（二代目山広組系同心会会長）をはじめ、田辺豊記（同組系清野組幹部）、立花和夫（同組系広盛会幹部）、長尾直美（同組組員）からなる正久暗殺部隊を編成。他方、石川裕雄は一二月初旬、GSハイム第二江坂の二階に部屋を借り受け、正久襲撃の準備を着々と整えていた。

山広、窮地に立つ

昭和六〇（一九八五）年に入り、一和会の総帥である山本広はよりいっそう苦しい立場にあった。というのも、年が明けたばかりの一月一四日、一和会副幹事長であり、山広組舎弟だった伊原金一（伊原組組長）が、韓国から兵庫県警尼崎西署に解散届を送りつけてきたからである。前年の一二月三日、伊原組舎弟頭が山口組系古川組傘下の組員に銃撃され、伊原組が返しで古川組事務所へ銃弾を撃ち込んだ。その前後から伊原組は山口組の主要ターゲットとされ、組長の伊原はたまらず韓国へ避難していた。

その後の事情を武はこう語っている。

「中山（若頭）がうちの相談役（正）に『伊原組を解散させてくれんやろか』と頼んどる訳や。それで（正が）韓国まで行って拳銃突きつけてやな、バシーッと言うて、（伊原に）解散届を書かしとる訳や」

この事実は急ぎ韓国へ飛んだ伊原組の副組長・川合政信、同幹部・岩崎義夫らによって確認された。その結果、岩崎義夫が三〇人ほどの組員を引き連れて竹中組傘下へ移った。この新しい組織の名称は「竹中正組内岩崎組」である。

竹中正と伊原組組員の盃は、奇しくも正久らが襲撃された一月二六日に執り行われた。すでに紹介した元竹中組組員・木山修造が伊原組から移籍して正の盃を受けたのもこの時だった。
側近から裏切り者を出した山本広は大いに面目を失い、総会の場で統率力のなさを一和会幹部に手厳しく糾弾された。そしてこの総会の夜、後藤栄治、長野修一、長尾直美が顔を合わせ、正久の行動パターンを分析するとともに、石川裕雄との合流案も浮上した。

一和会が大揺れしていた昭和六〇（一九八五）年一月、五年前の賭博事件で収監を間近にひかえていた正久は、一六日から旭琉会《きょくりゅう》に沖縄へ招かれ、中山勝正、中西一男、渡辺芳則らとゴルフ旅行を楽しんだ。これは前年、旭琉会と上原組との長期にわたる沖縄抗争を、若頭だった正久が解決に導いたことへの返礼である。
なお倉田浩司によれば、正久は新しい勢力を傘下に加える準備を整えていたという。
「沖縄（旭琉会、上原組）もそうやし、九州の道仁会もまとめてこっち（山口組）へ来る予定やったんや、四代目の舎弟でね。話はほとんど終わっていたから、四代目が亡くならなかったらみんな来てるよ」（倉田）
その頃の正久は、週に一度は愛人のいる江坂のマンションを訪ねるようになっていた。すでに前年の夏には大阪府警が正久の愛人の存在と部屋のありかをつきとめ、石川裕雄は同じマンション内に襲撃のための前線基地まで確保している。正久も身の危険は薄々感づいていたにせよ、人目に立つようなガードは徹底的に嫌った。かろうじて南力（南組組長）と石川尚《ひさし》（名神会《めいしん》会長）が交互にボディーガードを務めていたものの、若い者が周囲を取り囲むような態勢は許さず、逆に過剰な警備と見れば本気で叱り飛ばすありさまだった。

「うちの若い衆も、付いとったもんも頼りない。（正久が）『帰れ』言うたら、『はい』言うて、もう待ってましたみたいに」（武）

後年になって武はこう嘆くが、この時に渡辺芳則（二代目山健組組長、当時）が振るった采配には感心しきりだったという。

渡辺の素顔を知る倉田浩司が語る。

「渡辺さんは四代目に、『わしがガードを付けるんやったらええやろ』と納得させてたんや。それで山健（組）の自分のボディーガードを送り込んでたんやな。武のおっさんも、『文句も言わさずにガードを付けるのは偉い。いくら兄貴が付けるな言うても、その通りにしてたらあかんのや。どっからでも弾丸は飛んでくるんやから。渡辺やったら（一和会の襲撃から）兄貴を守ってくれてた』と言いよった。（渡辺には）豪友（中山勝正）も感心してたよ。豪友も（自分に）ガードを付けるのは嫌いやったけどな」

武が認めるように、渡辺は正久にガードを断らせないだけの信頼と親しみを得ていた。一方、ボディーガードの南は宅見と同じ南道会出身で、武は宅見が正久の情報ほしさに送り込んだものと見ていた。

ともあれ、正久の警備態勢は基本的に改善されなかった。「ヤクザが命惜しみしてどうする」が、正久の偽りない気持ちだったはずだし、さらに正久が心服しきっていた田岡一雄は、至近距離で鳴海清の銃弾を受けながらも奇跡的に命拾いをしている。そうした記憶も「人の生き死には時の運」という正久の考え方に拍車をかけたのかもしれない。

石川裕雄は後藤栄治に頼み込まれて山広組行動隊長・長野修一と一二日に対面。当初、悟道連合会だけで実行するつもりだった正久襲撃計画は、石川が総指揮官となり、二代目山広組チームが連携する形で実行することになった。一七日、長野は田辺豊記、立花和夫、長尾直美を伴って三重の山中へ向かい、襲撃用の拳銃を念入りに試射している。各メンバーの役割分担や、無線機を使用する際の暗号なども決まり、後は決行を待つだけになった。

一・二六の悲劇

昭和六〇（一九八五）年一月二六日午前一〇時過ぎ、正久は神戸市灘区の田岡邸に隣り合う山口組新本家の上棟式に出席。その後、中山勝正らとともに田岡フミ子の病気見舞いをしている。フミ子は肝臓を病んだ上に糖尿病も悪化させ、前年の暮れから京都府八幡《やわた》市にある病院に入院していた。夕食後、正久ら一行は堂島のクラブで飲み、九時過ぎにＧＳハイム第二江坂へ到着した。その時点では正久と中山勝正、ボディーガードの南力、運転手の南組組員・松崎幸司の四人だけになっていた。

ＧＳハイム二階の待機部屋にいる襲撃部隊のもとへは、見張り役から正久一行の動きが無線で逐一伝えられている。松崎を車内に残した正久ら三名がエレベーターホールへ入って来た時、長野、田辺、立花、長尾はすでにマンション一階の階段下で拳銃を手に待ち受けていた。

襲撃は一方的な虐殺に終わった。田辺が放った38口径の弾丸は、つかみかかろうとした正久の右手人差し指を弾き飛ばし、腹部深くに侵入。二発目が胸に命中した。長尾は中山に三発の32口径弾を浴びせ、顔面への一弾で致命傷を与えた。さらに長尾は、ボディーガードの南が田辺をなぎ倒して馬乗りになった瞬間、その頭を撃ち抜いた。立花は、傷を押して歩き出した正久に向けて38口径の改造拳銃を撃ったが外している。

車内でただならぬ銃声を聞いた運転手の松崎は猛スピードで玄関に移動。途中、前方に立ちふさがる長野をはね飛ばし、よろめくように歩いていた正久を乗せて南組事務所へ疾走した。正久は南組事務所から救急車で大阪警察病院に搬送され、午後一〇時四〇分頃から治療が開始されている。

武が急を聞き、岡山から新幹線で病院へ駆けつけたのは深夜一二時前だった。中西一男、岸本才三、渡辺芳則、竹中正らがすでに詰めかけている。武が集中治療室に入って目にした正久の様子は生気を感じさせなかった。また、医師から聞かされた容態も、まったく絶望的なものだった。正久の命は体に取りつけられた生命維持装置によってかすかに保たれているだけだった。病院に同行していた倉田浩司は武の言葉に驚かされたという。

「お兄さんが植物人間になる可能性が高いと医者に言われて、『もう殺してくれ』言いよったもん。『そんなもん、誰が四代目でけるんじゃや。もうええ。植物人間でなんで置いとくねん』て――。そういうとこは薄情やったで」

武の真情は言葉通りだったのだろう。生ける屍《しかばね》は誰も必要としない。むしろ正久が山口組四代目として形だけ生き残ってしまえば、かえって無用な混乱を招く。きれいに死ぬことが当代としての最後の仕事だと――。武は医師の宣告を聞くとすぐさま肉親の情を断ち切り、四代目山口組直系組長としての気持ちに切り替えた。そしてその覚悟を、いつものように率直に言葉にしたのだ。


正久が死亡したのは、昭和六〇（一九八五）年一月二七日午後一一時二五分。山口組四代目襲名から、わずか二〇二日後のことだった。享年五一。前夜すでに息を引き取っていた中山勝正と、即死状態だった南力は享年ともに四七だった。

武は正久の死に茫然としながらも、南の家族に対して深く気遣った。正久の油断で警備を手薄にしていたため、南を四七歳の男盛りで死なせてしまったことに心を痛めていたのである。

「南がな、一番気の毒なことしたわな。宅見でも、自分が（南を正久のガードに）付けて、兄貴の情報もらわな思うて」（武）

武がとりわけ南に同情する理由は、宅見に利用されたあげくに殺された、という意味合いだけではない。一月二六日当日、正久のガードに付くのは本来、石川尚（名神会会長、名古屋）のはずだった。ところが石川は降雪のために神戸入りが遅れ、急遽、南が大阪から駆けつけてガードに当たっていたのである。

「武のおっさんは『ガードの当番やったら、前日に移動して準備するのが当たり前や』言うて、石川にえらい怒っとった」（倉田）

死と隣り合わせがボディーガードの宿命とはいえ、南のあまりにも不運な巡りあわせを、武は黙って見過ごすことができなかったのである。

「中西（一男）でもそうや、『人間、死んだらみんな冷たいもんやで』と言いよる。『冷たいもええけど、われに言われいでもわかっとるわい。（それより）お前らの方が（南に）冷たいやないかい。同じ南道会から出てやなあ。兄貴のとこにはよう花を届けてくれたが、お前ら順番で言えば違うやろ。兄貴のとこは花はええわい。みんなようしてくれとるから。（南のところへ）順番に花届けたりい』言うたんや。

それから何回か花届けたんやろな。（南の家族に）『武親分が言うてくれたから』と礼を言われたわい」（武）

武はこうした配慮を見せるかたわら、南の家族を自ら訪ねてもいる。そして「山口組と兄貴のために申し訳ない」と頭を下げ、持参した五〇〇万円の香典を南の霊前に供えた。

山口組執行部は、南より先に中山若頭の遺族に弔慰金を贈ると決めていたが、武は「筋が違う」と主張し続けた。

第四章

山広の命《たま》

山口組離脱を宣言する
山本広・山広組組長（左から3人目）

山一抗争の火ぶた

竹中武の名前が全国区でにわかに注目を集めたのは、皮肉にも正久が暗殺されてからのことだった。すでに武は正久の実弟として話題の人物だったが、正久の死によって、その注目度はさらに高まったのだ。武の日頃の言動からして敵討ちに動くのは必至と見られており、武もその決意を隠すことはなかった。そのため、対一和会報復のキーマンとして、警察にも、ヤクザ業界にも、そしてマスコミにも徹底マークされるのである。

まずは兵庫県警が動いた。昭和六〇（一九八五）年二月一日、武が田岡邸で営まれた正久の初七日法要を終え、姫路の事務所へ向かう途中に兵庫県警機動隊が待ちかまえていた。野球賭博の開帳図利《とり》容疑をかけられた武は、その場で逮捕されたのである。この事件は後に無罪判決（第一審）が下されたことでわかるように、抗争予防を意図する兵庫県警の無理筋な捏造《ねつぞう》であった。しかし武の保釈請求はことごとくはねつけられ、勾留期間は一年五ヵ月の長期におよぶことになる。

その間、山口組は直系組長会議の決定として、舎弟頭だった中西一男を四代目組長代行に、半年前に若頭補佐となったばかりの渡辺芳則を若頭に据えた。渡辺は五代目争いで絶好の位置に付けたと言っていい。そして山本健一との深い関係から渡辺の後見人を自任する宅見勝も、この決定を主導的に後押しした。もちろん勾留中だった武の声がこの人事に反映されることはない。ただし本部長の岸本才三はこの席上「不言実行、信賞必罰」の方針を再確認しており、これは一和会への徹底報復を目指す武の意に適うものだった。

武は逮捕される直前、一和会系伊原組から竹中組（竹中正組内岩崎組）へ移籍した組員に対し次のように言い渡していた。

「一年間は、お前ら動かんでもかめへん。伊原組でのしがらみがあるやろから。一年たったら動いてもらうぞ」

移籍組の一人だった木山修造はこの発言に武の人情味を感じつつも、「そう言われたからといって動かん訳にはいかん。動かんかったら格好がつかんし」と決意を固めていた。

以降、木山は岩崎組に籍を置きながら正の料理番を担当し、自分の役目を模索していく。そして実際に、ヒットマンとして一和会幹部を狙い続けることになる。

「自分は二五歳過ぎてからの業界入りですからね。弁も立たないし、伸し上がるには懲役に行くぐらいしかないと思うてました」（木山）

山口組―一和会抗争（山一抗争）の先陣を切ったのは、中山勝正の無念を晴らすべく立ち上がった豪友会（高知）である。二月二三日、同じ高知を本拠とする一和会系中井組に攻撃を仕掛け、組員二人を射殺、一人に重傷を与えた。中井組組長・中井啓一は、中山勝正がかつて親分と仰いだ人物である。両組織の応酬戦は途切れることなく、高知市内に大量の流血を呼んだ。

その後、山口組では宅見組、竹中組、弘道会、山健組、紺谷《こうや》組、後藤組、美尾《みお》組、一心《いっしん》会などの系列組員が一和会系組織に激しく襲いかかり、この年の「ユニバーシアード休戦」（神戸大会・七月末～九月末）までに死者九名のダメージを与えた。ただし、この中に最高幹部クラスは含まれていない。一方、山口組は死者六名を出し、そのうち三名は当代の竹中正久、若頭の中山勝正、直系組長の南力という顔ぶれである。その重みを考えれば、とうてい「血のバランスシート」が整ったとは言えない。

ハワイ事件

こうした状況下で起こったのが「ハワイ事件」である。木山修造は相変わらず正の料理番を務めていたが、九月のある日、正が組員にこう呼びかけたのを覚えている。

「お前らのなかに英語をしゃべれるもんおるかい。おったらハワイへ連れてったるぞ」

「親分、ヤクザしとって英語なんかしゃべれるもんおりまっかいな」

木山はそう応じたのだが、正の反論に遭った。

「アホかお前、オダジョウのおっさん知っとるやろ。あのおっさんは事務所で英字新聞を読んどるんやぞ」

「へえ、そうですか。そら凄いですねえ」

オダジョウとは、四代目山口組舎弟・織田譲二（織田組組長）のことである。英語に堪能な織田は正に同行してハワイへ飛び、とばっちりを受けて事件に巻き込まれることになる。

ハワイ事件の流れを簡単に説明しよう。前記した通り、ほとんど博打一本槍の正久や武と違い、正は事業家志向が強かった。倉田浩司によれば、三菱グループ傘下の企業とも付き合いがあり、官庁の役人にも顔が利いた。また、正は国際的にも幅広くビジネスを展開し、習近平（現・中国国家主席）の弟を日本に招いたこともあったという。「ごっつう顔が広い」（元捜査員）のは誰もが認めるところで、とりわけ芸能ビジネスに強く、本人も関心が深かった。たとえば香港を代表する映画俳優ジャッキー・チェンなどは、正を「日本の父親」と呼んで慕っていた。

正が米国のスーパースター、マイケル・ジャクソンの日本公演という話に飛びついたのは自然な流れだったのだろう。ただし、この話を持ちかけたのはハワイ在住のプロレスラーで、実は米国ＤＥＡ（連邦麻薬取締局）のおとり捜査官であるヒロ佐々木だった。ハワイのマフィア、ジョン・リー一家の構成員を自称するヒロ佐々木は言葉巧みにマイケルの日本公演を正らに信じ込ませ、保証金の前払いなどとして五〇〇〇万円を詐取。ハワイに正を呼んでニセの契約を結ばせながら、米軍に借りた拳銃や機関銃などの武器をその場で見せた。山広邸襲撃を狙っていた正が武器を手に検分する様子をヒロ佐々木は隠しカメラで撮影しており、その際、正はロケット砲の使い手を探すようヒロに依頼もしている。

さらにヒロは追加保証金の支払い遅延を理由に六〇〇〇万円を騙し取った後、「ジョン・リー一家結成二五周年パーティー」のニセの招待状を正に送り付ける。ビジネスの収拾も兼ねて招きに応じた正と織田譲二はハワイへ飛び、現地で武器密輸、殺人教唆、そして別件の麻薬取引容疑までかけられてFBIに逮捕されてしまう。

正と織田が逮捕された九月二日、兵庫県警と姫路署の捜査員が次々に竹中組事務所（姫路）を訪れ、

「お前とこのおっさん（正）、ハワイでパクられとるらしいやないか」と木山修造に探りを入れた。

「そんなことあるかい」

木山は否定したが、正がハワイにいることを知っていただけに半信半疑でいた。そこへ坂本義一（竹中組舎弟頭）がやって来て、「間違いない。ハワイでパクられとる」と断言したので、竹中組は大騒ぎになった。武は野球賭博の容疑で勾留されており、相談役の正までが逮

捕されたとあれば、竹中組は機能不全に陥りかねない。しかも木山は正がハワイへ向かう前、正から次のような話を聞いていた。

「どうしても山広を攻められんかったら、コンピューターでロケット弾を飛ばす方法があるらしいんや。米軍上がりを雇うて、ロケット弾で山広の家を爆破すればええんやないか」

正の話を思い出した木山は、おとり捜査にはまった一因が、山本広殺害への強い執念にあることを悟った。同時に裁判の行方は厳しいものになると予測したのだが、そんな心配をよそに正から事務所へ電話が入った。

「親分ですか」

「おお、修造か。アメリカの刑務所は電話もできるんじゃ」

「ほんまに刑務所からでっか」

「こっちは電話もできるし、飯も日本の刑務所と違うど。好きなもんバイキングで食えるしやなあ」

その他にも木山は、正が刑務所内で三、四人のボディーガードを雇った話、マフィアの大幹部と知り合った話などを電話で聞かされ、素直にアメリカは凄い国だと感心してしまった。

この事件の裁判で正の弁護側は、おとり捜査の行き過ぎ、ヒロ佐々木の詐欺師的な言動、証拠となった映像や音声の信頼性のなさ、などを挙げて陪審員に無罪を訴えた。一方、岡山で勾留中にハワイ事件の情報を得ていた武は、まったく別の作戦を立てた。

木山が武に後年聞かされた話は以下のようであった。

「ハワイは陪審制やろがい。陪審員に金を握らせればええんやろう。一人につき三〇〇〇万でも四〇〇〇万でもええ。陪審員が八人おったら（実際には一二人）、一億か三億やろが。『金を運べ』と指示してハワイに送らせたんや」

武は、自分が被告人となった日本の法廷では、緻密な反証という正攻法で何度も検察の足をすくった。しかし正の裁判では、太平洋をはさんで予想外の奇襲攻撃に打って出たのである。

木山はいまだに感心しきりで言う。

「親分は凄い切れる人。陪審員の買収なんて、そんなこと誰も考えないでしょう」

ハワイ事件で正と織田譲二の弁護を担当した元山口組顧問弁護士・山之内幸夫はこう語る。

「アメリカの裁判ではまず陪審員を抽選で選ぶんですけど、ここから先が結構重要なんですよ。弁護側は拒否権を発動できるんで、その中から体制側と思われる候補者を『ノー、ノー』と言って外していくんですよ。それでアウトローに親近感を持っているような人物を選んでいくんですけどね。

ハワイに来ていた竹中家の関係者が『ワイアナエ地区はハワイでも特殊な地区だから、あそこの連中なら金でいくらでも買収できる。ワイアナエの人間が陪審員に選ばれるよう工作するんだ』と言ってましたね。結果的にワイアナエ在住とおぼしき人間が何人か陪審員に入ったけど、その人間に地区の有力者を通じてうまく金が渡ったか、ちゃんと買収できたかどうかはわかりません。作戦の実行者は、武さんからようけお金を出させて使い込んだりしていたからね。買収を口実に使われたかもわかりません」

武の金が実際に功を奏したかどうかは藪の中だが、翌昭和六一（一九八六）年四月二四日、一二人の陪審員全員が正に対して「ノット・ギルティ（有罪にあらず）」と宣告し、正は織田譲二に続いて無罪判決を勝ち取った。

竹中組激闘

武と正が不在の間、竹中組の闘志が衰えていた訳ではない。竹中組内杉本組（杉本明政組長）傘下に輝道会があり、ユニバーシアード休戦明けの昭和六〇（一九八五）年一〇月二七日、組員二名が一和会幹事長補佐・赤坂進を鳥取県倉吉市内のスナックで射殺。随行の一和会系組員も殺傷した。この時、襲撃犯の一人の清山礼吉はホステスに女装して赤坂に接近。もう一人の襲撃犯、山本尊章とともに金的を射止めた。武は拘置所から山本に毛筆の手紙を送り、無期懲役で服役することになった山本を感激させている。

また昭和六一（一九八六）年一月二一日には、竹中組内大西組（大西康雄組長）の組員・前田哲也と山本孝道が一和会系加茂田組舎弟・小野敏文に加茂田組からの脱退を迫り、拒否されるやその場で射殺している。

竹中組の報復が激しさを増すなか、同年一月二四日に長らく肝硬変で闘病中の田岡フミ子が死去。その前後から山一抗争は転機を迎えていた。東京の稲川会・稲川聖城総裁、石井進会長らがフミ子への病気見舞いをきっかけとして山口組幹部に接触。また京都の会津小鉄会・高山登久太郎会長が一和会会長・山本広に話を通じ、それぞれ抗争終結を強く働きかけたのである。

この時期、警察は山一抗争の継続と拡大を危惧し、暴力団新法の提出を示唆していた。また警察の取り締まり強化によって、あおりを受けた全国の暴力団がシノギに支障をきたし、早期の抗争終結を望んでいた。稲川会はその意を受けた形で仲裁に乗り出しており、いわば業界世論をバックにしている。さらに稲川聖城は竹中四代目襲名式の後見人であり、山口組執行部としては要請を軽視する訳にはいかなかった。

そうした状況で動向が最も注目された人物は武である。武は山口組の序列で言えば平《ひら》の直系組長に過ぎないが、殺された四代目の実弟である。それに引き換え組長代行・中西一男も、若頭・渡辺芳則も、幹部会で選出されたとはいえ当代不在の人事であり、しかも勾留中の武は選出の場にいなかった。執行部が強い指導力を持てなかったのは致し方あるまい。現にこの間、中西一男は岡山刑務所に勾留中の武を訪ねて抗争終結を打診したが、やはり同意を得ることはできなかった。ただし武が断固拒否の姿勢でなかったのは、この時点で早くも山口組離脱を視野に入れていたからである。

武の本心は最初から変わっていない。

「兄貴が殺《や》られてよ、この度はここで辛抱するけど、今度（同じ目に）遭ったら辛抱せえへん――それは通らんのや、わしの場合は」（武）

すでに敗色濃厚の一和会と業界代表の稲川会が抗争終結で一致しても、武が不在中の山口組から実効的な答えを引き出すことはできなかった。なお、中山勝正を殺された豪友会と、南力を殺された南組は執行部の方針に従うと伝えている。

様々な根回しが続くなか、竹中正久の墓前（姫路市深志野）で二名の竹中組組員が射殺される事件が起きた。二月二七日のことである。当然、この事件で終結話は立ち消えになる。すると五月二一日、今度は竹中組内二代目生島組の幹部ら二名が一和会副本部長・中川宣治を射殺。一和会大物幹部の死とともに、抗争はしばらく鳴りをひそめることになった。

昭和六一（一九八六）年六月一九日、武は野球賭博容疑の一審無罪を勝ち取り、一年五ヵ月ぶりに勾留中の岡山刑務所から釈放された。武は警察の作為的とも言える長期勾留に怒りと焦燥を募らせていたはずだが、迎えに来た倉田浩司たちにはそんな様子を見せなかった。
「パクられて無罪で出てきた時に、渡辺（芳則）さんら、みんな来よったもん。（山口組幹部）全員よ、あれ。俺もすみっこの方におったけど。
その後『飯食いに行こう』となって、武のおっさんは食事しながら拘置所の話や。『トンカツなんて、こんな分厚いの出てきよるで。VIP扱いや。他はみな薄いのに。刑務官が喜んでな。わしのファンになりよる。モテモテや。本でもなんでも差し入れてくれるし、チョコレートなんかめちゃ多かった。それ食うたら（後で刑務官が口を割ると）あかんから、どんだけ我慢したと思ってんねん。道具（拳銃）の使い方から全部教えたって、（刑務官は）全員右へならえ（思うがまま）や』言うてね」（倉田）
武はあえて深刻さを装わなかったが、保釈を喜びながらも自分が難しい立場に立たされていることを重々承知していたに違いない。

稲川会と対峙

武というキーマンの復帰により、山一抗争終結に向けて議論は詰めの段階に入った。武としては執行部の方針を頭から無視することはないにせよ、山本広になんのケジメも取らせず終結を認めることはできなかった。山口組本家の会議に同行した倉田浩司によれば、武は幹部にも荒い言葉をぶつけたという。

「『お前ら、当代が殺《や》られとるんやぞ。よう（報復に）行かんのやったらヤクザやめとけ。こらボケーッ』って怒鳴っとったもん。（会合場所の）下（階下）の部屋で待っとったら、聞こえるのは武のおっさんのでかい声だけやった」（倉田）

元山口組顧問弁護士・山之内幸夫は言う。

「武さんは本家で見かける程度でしたけど、あの頃は輝いてましたねえ。私ですらまぶしく見えました。なんといっても山口組は『信賞必罰』（の方針）を掲げておる訳ですから、竹中組というのは報復戦でも武勲が際立っていましたし、週刊誌やなんかでも（武は）渡辺さん以上に注目されてたと思います。ともかくみんなが畏敬の目で見てましたもんね」

しかし翌六二（一九八七）年二月八日、執行部は組長代行・中西一男の権限で抗争終結を宣言。翌九日には複数の山口組幹部が上京して稲川会へ出向き、その決定を伝えた。倉田浩司によれば、この時に武も同行していたという。

「稲川総裁が『辛抱してくれ』と言うた時に、武のおっさんだけが『わしゃ辛抱できまへん』て言いよったらしい。その後で聞いたら『なんでわしが辛抱せなならんねん。兄貴が殺られたから言うとんのとちがうねん。山口組のトップが殺られとるねん。一人になっても、わしゃやる』。そう言いおった」（倉田）

さらに倉田は驚くような話を明かした。

「おっさんは（稲川会との会合場所へ向かう時に）道具（拳銃）を持っとったらしい。車の中で稲川の息子（稲川裕紘、後の稲川会三代目会長）が気付いて、『それ、お預かりしておきます』とていねいに言うて取り上げたんや。武のおっさん、『あの男は腹が据わっとる。大したもんや』って感心してた」

稲川会との会合に拳銃持参とはかなり乱暴な話だが、いざとなれば相討ちも辞さない決意だったのか。それはともかく、武にすれば稲川会の仲裁など「大きなお世話」であり、「ヤクザが筋を忘れてどうする」と言いたかったはずだ。それゆえに以降、「稲川会をヤクザと思うてへんかった。『サラリーマンばっかり』言うとった」（倉田）のである。

こうして危うい

バランスで出された終結宣言だったが、四ヵ月後の六月一三日、二代目山広組内川健組の組員二名が二代目山健組内中野会副会長・池田一男を射殺し、終結宣言はたやすく破られた。中野会（中野太郎会長）はこの事件で相手を砂子川《すなこがわ》組（大阪の中立系組織）と見誤り、二日間で砂子川組の組員および関係者二名を射殺し三名に重傷を負わせた。恐るべき誤爆だが、この失敗を取り返すように、中野太郎の元ボディーガードだった山健組内組員が二代目山広組事務局長・浜西時雄を射殺。山一抗争は一気に再燃することになった。

加茂田組壊滅作戦

そこへ、常習賭博で一年間服役していた加茂田重政（加茂田組組長）が出所してきた。昭和六三（一九八八）年二月一六日のことである。

加茂田は一和会のナンバーツー・副会長兼理事長の座にあった。加茂田組の配下は二〇〇〇人におよぶと言われ、一和会の最強軍団と目されている。その上、マスコミに向けての強気な発言もあり、いわば一和会の顔と言っていい存在だった。山本広は手持ちの兵力が急減し、参謀格の佐々木道雄（一和会幹事長）が収監中とあって、加茂田の出所に安堵したことは言うまでもない。しかし加茂田の放免祝いの帰路を狙い、竹中組若頭補佐・増田国明と配下の西浦恵信が山本広殺害計画を企てていた。これは兵庫県警の職務質問により阻止されたが、その際に発見された豊富な銃器や手榴弾が殺意の強さを見せつけた。

武は加茂田を呑んでかかっていた。

「わしら加茂田なんかでも兄貴からよう話を聞いて、腹読んでしもうとったからな。パーンと上から出たら弱いこと聞いとったからな」（武）

加茂田の方も、出所後は一和会の行く末に展望を見出せずにいた。そもそも山口組分裂時、一本（独立組織）でいく気持ちもあったと伝えられるほどだから、威勢のいい言動とは裏腹に、一和会との心中はあり得なかったのだろう。

武はそんな加茂田を一気に追い詰めていった。昭和六一（一九八六）年二月、正久の墓前で竹中組組員二名が射殺された事件（前記）があり、襲撃犯はまだ判明していなかったが、武は加茂田組の犯行と確信していた。その件を手がかりとして、旧知の矢嶋長次（二代目森川組組長）を通じ、加茂田に組の解散と引退を迫ったのである。

「矢嶋から電話で言わせてやな、『墓の前の事件がめくれて（判明して）しもうて加茂田組（の犯行）ということになったら、殺《や》れるか殺れないか知らんけど、山広と一緒に行くとこまで行くで』言うてやな」（武）

この通告は五月初旬のことである。加茂田は前月に加茂田組傘下の組長・丹羽勝治を弘道会傘下の幹部に射殺されており、「弘道会をやる（報復する）まで加茂田組の解散は待ってくれ」と返答したが、聞き入れられる道理はなかった。こうして武は一和会最強と言われた加茂田組を電話一本で瓦解させた。

武はその後も加茂田から目を離さず、山本広襲撃の機会を探り出そうとしていた。

「（加茂田が一和会を）出て（引退して）からでもそうや。わざわざ山広が来るやもしれんと思って、加茂田の事務所をずーっと張らしとったんや。

そしたら東（健二・一和会理事長補佐）が、寺田（和洋・大日本平和会本部長、同会は中立組織）の事務所へ来たがな。ロールス・ロイスに乗って。それで寺田に言うたんや。

『東がお前のとこへ来たやないか。お前とこと（竹中組が）つながって（付き合いが）なかったら、東も殺されとんのやぞ』

『よー見とんのやなあ』

『東みたいのはええとして、山広が加茂田のとこへ来え《け》へんかと思うて張ってたら、偶然にお前のとこに（東が）入るのを見たからやな』

そのことを寺田が加茂田に言うたんよ。『竹中組が山広を狙って、あんた（加茂田）の事務所を見張っとる』て。そしたら加茂田が寺田に言うたんや。

『なにを言うてんねん。面倒かけて張らんでも、（山広が）来るならわしが言うわな。何時何分に来るて言うさかい』て、そう言うとったんやて」（武）

加茂田からは、武に直接連絡もあったという。

「加茂田でも、『今、佐々木のミッチャン（佐々木道雄・一和会幹事長）、本部に入りよるど』言うて。やってもうたら（一和会を出てしまったら）、自分のとこへとばっちり来えへんと思うてやな、そんなもんへっちゃらやもん。恐い恐い」（武）

山広邸襲撃

加茂田組解散で一和会は大きな衝撃を受けたが、さらに慄然《りつぜん》とさせられる事件が起こった。五月一四日、山本広の自宅が擲弾《てきだん》（ロケット弾）攻撃にさらされたのである。

かねてより竹中組では山広邸襲撃計画が練られていた。山広邸はガードの警官が周囲を固め、防御用のネットが張り巡らされている。そのため、ヘリコプターからのダイナマイト投下、米軍上がりのプロを雇ってのロケットランチャー攻撃などが画策されていた。実際に武はヘリコプターを買って組員に操縦訓練をさせ、正も米軍関係者に接触するなど、金に糸目をつけず山広邸襲撃を狙っていた。また武は倉田浩司に向かって「バズーカが欲しい。一発で仕留められる」としきりに訴えていた。

さらに武は山口組本部長・岸本才三とも交渉している。岸本は山口組が所蔵する武器や資金の管理責任者だったのだろう。以下は武が回想するやり取りである。

「岸本のダボが、

『この親分（正久）の敵《かたき》だけはどんなことしたって取らなあかん』言うくせに、

『モノ（武器）は、ないものはないんじゃ』と、しらばっくれとる。

『よう使わんもん持っとったって宝の持ちぐされやないかい。みな持ってこい。バリバリ（機関銃）から手榴弾なんかも――。それでなんぼ渡したらええ』

『いやもう礼はいいさかい』

『そんな訳にいかんやろ。（それとは別に）三ヵ月だけ（抗争資金として）一億出しとけ。二億にして払うたるから』」（武）

その後、神戸市内のホテルで武器の引き渡しが行われたのだが、武はここでも多額の資金を投入している。
武は岸本について上記の発言に加え、「ほんまのこと言ったら、言いたいことはようけあるんや。だけど（岸本は）銭に汚いわ」と言い添えている。この言葉がなにを指しているかは、後に発覚する山口組本家の所有権問題につながるものと思える。

岸本との会話からもわかるように、武は目上だろうが年上だろうが一切遠慮しなかった。物言いも乱暴極まりない。余談になるが、岸本才三は昭和三（一九二八）年生まれで武より一五歳年上である。そして岸本は一時期、公務員（神戸市交通局）の経験がある。倉田によれば、武は感情が激すると岸本に面と向かって「こらーっ、この区役所が。お前はドブさらいでもしとけ」などと言い放ったという。ただし、その割に岸本は武を嫌っていない。むしろ山口組に必要な人材と考え、後に武の引き止めに尽力している。心情的には武ファンと言っても言い過ぎではないだろう。つまり岸本は、なぜか年若い暴君に惹《ひ》きつけられていたのである。

山広邸襲撃は竹中組内安東会会長・安東美樹をリーダーとする四人（安東以下、西沢進、荒嶋巧、その他一名）の襲撃班で決行された。ただし計画通りには運ばない。擲弾発射器、自動小銃、サイレンサー付き拳銃、水道管（パイプ）爆弾などを携えて山広邸へ向かう途中、脱落者が出て第一の誤算があった。その際、武器とハシゴなど道具の一部も持ち去られたようだ。第二の誤算は本来二名のはずだった警備担当の警官が三名いたことである。二名の警官を素早く針金で縛りあげて制圧するという手順が狂い、思わぬ反撃に遭った安東は反射的に発砲した。このため警官たちに想定外の重傷を負わせてしまう。

次の手順では山広邸に張られた防御ネットを切り裂き、その隙間から擲弾を撃ち込むはずだった。だが高い塀にはばまれてネットに手が届かない。やむなく安東は山広邸の勝手口に水道管爆弾をセットさせ、ネットに向けて擲弾を発射した。擲弾がネットを突き破れるかどうかの賭けである。しかし擲弾はネットに弾き返されて路上で爆発。至近距離にいた安東は肩に、西沢は膝に重傷を負った。水道管爆弾も不発に終わり、手負いの襲撃班は無念の思いで山広邸を去ることになった。

山広邸襲撃は、抗争終結宣言を完全否定する事件だけに、一和会を大きく動揺させた。幹事長代行・松本勝美を始め残っていた有力幹部が続々と一和会を去っていった。他方、事件は一般社会をも震撼させ、当然ながら警察の激しい怒りを買った。それほど警官襲撃という事実は重かったのである。

武の立場は極めて微妙だった。兵庫県警が安東美樹を指名手配するのは事件から一二日間経過した五月二五日のことだが、当初から竹中組系の犯行とする見方が強かった。そうであれば襲撃犯は武の意をくんでヤクザの筋を貫いたことになる。しかし反面、抗争終結宣言を破って山口組執行部の顔に泥を塗り、警察との関係を極度に悪化させている。直系組長たちの間でも非難、擁護の両論があり、意見は割れた。この時、渡辺芳則が「シャブ打ってやったとしか思えん」と発言したことは、すでに有名なエピソードになっている。

なお、安東が逮捕されるのは事件から二年後の平成二(一九九〇)年九月一二日のことになる。この時、安東は山口組直系の一心会に籍を置いていた。安東の逃亡中の経緯と、その後の動きについては別項にゆずる。

武は安東ら襲撃犯を気遣いつつも、重傷を負った警官たちへの謝罪を忘れなかった。後にこの間の事情を聞かされた関西の実業家・伊崎哲也が言う。

「安東さんが負傷させた警官三名には、親分が二〇〇〇万ずつ、計六〇〇〇万を渡そうとしたんです。けど警察の方から『これでは竹中組から出とることがばれてしまうから、安東の身内からやということで、一〇〇〇万ずつの三〇〇〇万やったら受け取る』と言われ、その通りにしたと聞いてます」

武vs.宅見

武は山口組を出てもいいという考えに傾いていた。それが山広邸襲撃事件に対する武の腹のくくり方だった。しかし、山口組の方には武を手放せない理由があった。対一和会の問題とは別に、武が五代目決定のキーマンだったからである。武は五代目選びより、対一和会の決着を優先すべきとの姿勢をかたくなに守っていた。

　そこでキングメーカーとして辣腕《らつわん》を振るったのが宅見勝である。宅見は迷わず渡辺芳則をかついだ。もともと山本健一と親密だった関係で渡辺とは近く、渡辺なら後々コントロールが利くという思惑は早くからあったのだろう。対抗馬は組長代行の中西一男だが、宅見にとって本当の敵は武だった。武は四代目の実弟であるだけでなく、武が率いる竹中組は山一抗争でも抜群の戦果を挙げ、存在感を確かなものにしている。宅見としては是が非でも武の渡辺支持を取りつけたかったに違いない。だが武は五代目選びを時期尚早とし、中西との関係でも中立の立場を崩さない。さらに四代目体制発足時、若頭補佐の座を望んだ宅見に対して、武の反応が極めて辛辣だったという苦い記憶がある。宅見にとって武の存在は鬼門だった。

　また渡辺も武に一目置かざるを得ない事情があった。二代目山健組組長襲名に当たり、正久に受けた恩義があったのである。

「山健に渡辺がおった時代でも、（渡辺で自然に）まとまっとったんと違う。兄貴（正久）が悪いようにせんからいうことで、中野（太郎・中野会会長）らに対しても渡辺に協力したれ言うてみな了解させただけであって、渡辺がなにかした訳やない。兄貴が取り持ちからなにかち、みなさせたんや。中野らでも兄貴が生きとったら四代目の若い衆（直系組長）にしてもらえる思うとったんちゃうか。そやから渡辺に協力したんやろ」（武）

後に宅見暗殺を決行する中野会会長・中野太郎は、初代山健組に在籍当時、すでに舎弟だった。渡辺は若い衆の一人だったから地位で言えば中野の方が上である。一般にヤクザ組織では、親分の下で中核となって行動する部隊は若衆（子分）であり、若頭がそのトップに位置する。舎弟（兄弟分）は名誉職的なのだが、序列で言えば親分に近い位置、つまり若衆の上に来るのだ。

その他にも渡辺には山健組内で先輩が多数いた。渡辺の山健組二代目襲名は、宅見の助言を受けた山本健一夫人・秀子の指名で実現したと言われる。同時に、当時山口組若頭だった正久が山健組内部の調整に当たり、ようやくまとまりを得たのも事実だろう。そういう背景も含めて武と渡辺の関係は決して悪くなかった。「若い時はよう一緒に遊びに行って仲が良かった」（倉田）という証言もある。そして後ほど紹介するように、渡辺は二歳年下の武にむしろ敬意を抱き、頼りにする面も見せた。しかしながら本質的に合理主義者である点で、渡辺は宅見に近い。

工藤會と一触即発

この時期、竹中組の動きは対一和会に集中していたが、他団体との衝突がなかった訳ではない。武闘派軍団として全国的な知名度を得た竹中組は、各地で火花を散らしていた。木山修造がその体験を語る。

「九州に元稲川会の安部譲二（作家）の兄弟分で小林いうのがいたんですわ。小林は株の仕事をしよったんやけど、小林の勧めた株が落ちたいうんで客が『損失を補塡《ほてん》せえ』と騒いだ訳です。その客は工藤會（福岡県北九州市）傘下の組に泣きつきました。この傘下組織は中国総領事館を散弾銃で攻撃した有名な武闘派です。そんなことで困った小林が相談役（正）に連絡してきたんですよ。相談役は受けて立ちました。

相談役が福岡に乗り込む時に自分はガード役で付きました。福岡に着いて、部屋でボストンバッグから道具（拳銃）を四丁取り出していたら、それを見ていた小林の付き人が『今度来た人は、ほんまもんです』言うて報告してましたわ。というのも、自分らより前に別のグループが（ヒットマンとして）福岡入りしてたんやけど、小林にさんざんご馳走になっただけでチャンチャンで帰ってしまったらしい。だからわしらは『ほんまもん』やったんです。

工藤會との話し合いでは、相手方の後ろに付いている二人が懐から手を出さない。こっちも道具をずっと握っていた。話の様子をうかがいながら、いつでも動けるように半分腰を浮かしてる訳です。話は長引いて、あわや工藤會と戦争ですわ。

武親分も話は聞いてましたから、『なんかあったら困る』いうんで、岡山の組員十数人を福岡に送って来てました。自分らはその後、博多の中洲で暴れまくるんです。工藤會が面倒を見てる店で、『女はおらんのか、コラーッ』言うてみたり、喧嘩になってもかまわんいうつもりですわ。小林から手を引かせなあかんから。

で、竹中組の代表と工藤會傘下組織の代表がトップ会談ですわ。向こうは言う訳です。

『今、博多に来てるグループ、あれはなんですか』

『いやあ、あいつらはうちの組でもツマハジキの連中でね、困ってまんのや』

『殺《や》ってもかめへんのですか』

『殺るんやったら殺ってもかめへんよ。そのかわり、殺ったら竹中組全部が九州へ入るで』

話し合いと挑発と、これが武親分の両面作戦です。わしらは『引き上げて来い』いう指示があるまで一〇日間ほど九州に滞在してました。結局、小林は補塡金を払わずにすみましたよ」


一和会では内部対立があらわになり、七月に入って組織存続派の大川健組（大川健組長）が解散派の松尾組（松尾三郎組長）を襲撃。一気に自壊作用が始まる。その結果一一人の幹部が一和会を脱退し、四面楚歌の山本広は自宅で穴ごもりを続けていた。

第五章

五代目選びの苦悩

五代目山口組・渡辺芳則組長（左）と
宅見勝若頭

キャスティングボート

一和会の衰退を横目でにらみつつ、山口組では五代目争いが本格化していた。図らずもキャスティングボートを握ることになった武には、渡辺、中西両派がさかんに接触してきた。その頃、武を取材した溝口敦が言う。

「武さんの事務所で取材中、中西一男の使いの者が有名なちゃんこ料理屋の鍋の材料を届けに来た。それで武さんは一緒に食えっていう訳。そのちゃんこ鍋たるや、刺身で食えるようなでっかい伊勢海老だとかアワビだとか、ごたごたに入っている。その時、どういう訳か竹中家に松茸がごっそりあって、それも入れて食わしてもらったんだけど、それは豪勢なもんだった。

当時、武さんは（五代目を）中西にするか渡辺にするか決裁権を持っていた。だから（両陣営からの）贈答品なんか引きも切らない。そういう理解（ができる状況）もあった訳ですよ」

渡辺派、中西派は水面下で多数派工作を繰り広げていたが、武自身も本人の意思とは別に五代目候補に挙げられていた。武は山口組を再び割らないことが自分の義務であり、正久への供養だと考えていた。そのため時期と人材を得れば、その人物のために自ら票の取りまとめをすると公言していた。しかし武の山一抗争での実績は群を抜き、四代目の実弟という立場は重かった。武が五代目候補に祭り上げられるのは、自然な流れだったのである。

溝口は当時、後藤忠政（後藤組組長）に取材し、次のような意見を聞いている。

「誰が五代目にふさわしいですかって聞いたら、『そりゃあ竹中武さんだよ。俺は個人的にはそう思うよ。だけどここまで組織が大きくなると動かすのは政治なんだよ。だから結局は武さん以外の人になるだろうな』と、後藤忠政は言っていた」

さらに溝口は、武と後藤の共通性を挙げる。

「後藤忠政と武さんとはおたがい気質が通じていたんじゃないか。要するに、やることをやってこそヤクザだよ、理屈ばっかりじゃ駄目だぜっていうね。（主流派以外の）全然別個のところから来た外様としては、そういう思いでしょう。たとえば安東美樹が山広邸を攻めた時に後藤組が逃亡を助けたでしょ（後述）。そういうつながりがあるんじゃないか。後藤は武さんを五〇年に一人、一〇〇年に一人のヤクザだって言ってましたよ」

後藤忠政は菅谷組（菅谷政雄組長）の舎弟・川内組（川内弘組長）からキャリアをスタートさせた。川内弘が菅谷組に暗殺された後、山口組直系伊堂組（伊堂敏雄組長）の舎弟となり、四代目竹中体制発足後に直系に上がっている。

　山口組では、田岡一雄の舎弟だった安原武夫を始祖とする安原会系が保守本流とされ、山健組がその代表格である。傍流から伸し上がってきた後藤は、同じく本流出身とは言えない武の実行力を高く評価したと溝口は解釈するのである。ただし、その後藤が武の政治的な敗北を早くから予見していたことも注目に値するだろう。


　一方、本流中の本流にいる渡辺芳則は軍拡競争での勝利を目指していた。初代山健組当時、山本健一は増員に積極的ではなかったが、渡辺は自分が創設した健竜会を中心に組員を増やしていく。渡辺の山健組二代目就任に伴い、桑田兼吉に健竜会二代目を譲った段階では健竜会が三〇〇人、山健組全体では五〇〇〇人に届く勢いだった。組員数の増大が戦わずして敵を威嚇し、同時に経済力を高めるという軍拡理論を、渡辺はひたすら実践に移していた。

　武はそんな数の力を否定する。

「兄貴が殺されてわしが預かったのが六〇〇人ちょっとおったわ。今度はわしが一年半ほど（勾留されて）入っとる間にやな、若い衆が二〇〇人、三分の一になってしもうた。そのかわりまた出てったら一六〇〇人から一七〇〇人になったわい。山健組が一番やったら山健組、竹中組やったら竹中組、弘道会やったら弘道会、その時に力があるとこへわーっと押しかけて。（山口組は）そんな組やもん。増えたり減ったりすんのわかっとるもん、初めから。自分あたり体験しとるからな。

だがわしが苦労したのは、兄貴の時代からいた若い衆が会費を払われへんことや。裏から銭出してやらなあかんのや。そうせな新しく来たもんに気の毒やもん。新しく来たもんには会費をかけて（徴収して）いきよるから。

だから人数が多いさかい言うたって、そら困るんや。会費を払われへんかったら（事務所詰めの）当番だけしたらええわなんて、そんな訳にいかんやろ。兄貴の時代には人数が少ないから、甲斐性がない奴を直参に上げとるからやな、兄貴が死んでもうて裏から会費を貸したらないかん。そんな若い衆が何千人おったって何万人おったってあかん。

そやから六〇〇人ちょっとで受け継いだから、（傘下組織の）須藤組にしたって佐藤組にしたって、（関係が親しい）牛尾組やとか森唯《もりただ》組やとかにしたって、それ以上（適正規模以上に組員を）増やさんとこうと思うてやのう。

わしらと渡辺の考えはちがうんよ。（傘下組織の組長を）上（直系組長）へ上げてやなあ、出世させたろというのはなあ。（もっとも）須藤らでも、佐藤らでも（結果的に直系組長に上がった時には）『まさか白いバッジ（直系組長のプラチナバッジ）付けられるなんて思ってへんかった』言うてな、喜んでたけどやな」

渡辺の増員拡大路線か、武の少数精鋭路線か、どちらにせよ組織論に王道なしということになろう。保守本流の山健組と、正久が一代で築いた竹中組の組織運営には、違いがあって当然である。しかも武は、金の切れ目が縁の切れ目、と割り切って考えなかった。困っている組員には裏で会費を用立てるほど、細やかに面倒を見た。そのあたりが武の良さであり、古さである。

そしてこの時点で言えば、渡辺の拡大戦略は大いに成果を挙げ、山健組の数の力は五代目争いでも有利に働いた。ちなみに山健組は五代目時代になると「山健にあらずんば山口にあらず」と言われるほどの突出ぶりを示し、内政混乱の一因になるほどだった。その反動が後年の弘道会独裁、そして山口組再分裂につながるのである。

渡辺とも親しかった実業家・倉田浩司は次のように見ている。

「初代の山健は金が一銭もないやろ。山健組の前の事務所も三代目（田岡一雄）が買うてあげたんや。それくらい山健は金が集まらんから、渡辺さんが金を引っ張ってきて帳尻を合わせてたんやね。堅気さんのスポンサー作りが上手だったらしいよ。もの凄い話し上手やしね。

渡辺さんは強運もあるけど、運だけでヤクザは続けられへん。それだけの力があったことは事実。だけど宅見さんに酔わされてしもうたんやな」

食肉業界の首領《ドン》と言われた浅田満（ハンナングループ総帥）が渡辺の有力スポンサーだったことは近年になって知られている。余談になるが、山口組が再分裂（平成二七［二〇一五］年八月）した際、神戸山口組は渡辺が生前ハンナンに預けていた一〇〇億円におよぶ金を引き出し、独立資金に充てたという情報が流れた。

明かした本心

五代目問題に対する武の本心を倉田が語る。

「武のおっさんは渡辺さんに五代目をやらしたかったんや。『中西のおっさんは（高齢で）じき腰が曲がるし、わしは（五代目に）なるつもりもない。なってくれ言う奴もおるけど、なりたくもないし、渡辺が五代目をやったらええんや。山健（組）は本流やし、若い衆も多いし、（人材が）そろうとる』。そう言うてたな」

武は、一和会との決着が付いた後で五代目問題を論ずるという立場を堅持し、渡辺、中西の両派に言質を与えなかった。倉田には内々で渡辺支持をもらしていたものの、だからと言って無条件で推していた訳ではない。最終的に武が渡辺を見限るにはまだ相当の時間を要するのだが、以下は武の心境を物語る意味深長なエピソードである。

ハワイ事件で正とともに無罪判決を受けた織田譲二が、帰国後に死去したのは昭和六一（一九八六）年八月一九日のことだった。その通夜の席、竹中組組員・木山修造は集まった直系組長たちに冷えたオシボリを配っていた。まず武がオシボリを受け取ると、武は次々に組長を指さし、木山は指示通りにオシボリを渡していく。渡辺と宅見が並んで座っている席に差しかかると、武から飛ばせのサインが出た。木山は手を差し出している渡辺と宅見の前を素通りするしかない。啞然とする二人を飛ばして次の席の矢嶋長次にオシボリを渡すのだった。

ほどなくして今度は竹中組傘下組織の葬儀があった。やはり山口組幹部が集結している。武がトイレに立ち、木山はオシボリを持ってドアの前で待っていた。そこへ渡辺がやって来て「誰か入っとんのかい」と聞く。木山が「すんません、竹中組ですけど、親分が入ってます」と答える。すると渡辺は木山の手からさっとオシボリを取り上げ、トイレから出てきた武に「兄弟、兄弟」と呼びかけながら手渡した。渡辺としては邪気のないサービスだったはずである。木山も天下の若頭にオシボリを出させる武を見直す気持ちだったという。ところが武の反応は違った。渡辺が入れ替わりでトイレに入ると木山はこう聞かされる。

「おい、よう見とれよ。次期（五代目）組長の親分がわしにオシボリを出したりしてやな、渡辺に付いとる若い衆がかわいそうやろ。山健いうたら何千人かおるんやろ。そこのトップが枝の子のオシボリを取って『兄弟、兄弟』言うてやなあ。お前ら上になったら絶対そんなことすなよ」

武は木山に説教しながら憮然とした表情だったという。織田譲二の通夜でこれ見よがしに渡辺を無視しても、渡辺は怒るどころか、へつらうばかりである。こんな当代で大丈夫か、という気持ちだろう。ただし木山への言葉を考えれば、武は渡辺を五代目だと決めてかかっていたかのようである。そのあたりにも武の複雑な思いがにじんでいる。

倉田浩司は武に次のような話を聞いている。

「『渡辺は人気もないし、わしが付いとらなあかんやろ。舎弟としてであろうがなんであろうが。そのかわり（渡辺の）盃はもらわん。そらでけんやろ。渡辺はまだヒヨコや』と言うとったもん。

『（しかし）渡辺が五代目をするんやったら、（その前に山一抗争で）やることだけはやれ。（そうしたら）わしが票集めたるから』って、おっさんいつもそれ言うとった。だけど渡辺さんが約束を守らんから頭にきたんや」

渡辺の約束破り

ここで、倉田浩司が言った渡辺の約束破りについて、順を追って説明しておこう。

昭和六三（一九八八）年も押し詰まった頃、宅見勝が岡山に武を訪ね、五代目問題について意思を確認している。以下は武の回想である。

「宅見が一回、ここ（岡山の事務所）へ来たわけや。わしのとこへ相談に。

『兄弟、五代目のことどう思うとんのや』言うから、

『渡辺か中西かどっちかにやってもらわなしょーない（仕方ない）やろと、今まではそう思

うとった。わしがおれへん間（勾留中）に若頭《かしら》と（組長）代行に決めてもうとるしな。わしは手ェ挙げた（賛成した）訳やないけれどやな。

そやけど渡辺がわしに言うたがい。中西さんが（五代目候補として）手ェ挙げたら、（中西に）あんた降りな、と言う。わし（渡辺）も立候補せえへんからと、中西さんにそう言うつもりやと。

中西が手ェ挙げたら渡辺はそれを下ろさせて、自分も立候補せえへんと言うたんやから、どっちも手ェ挙げたら二人とも立候補をやめてもらわなしょーないやないか』

そういうことをわしが宅見に言うたもんやから、どっちも手ェ挙げそうな空気になってきて（正式な立候補は翌年三月二七日）、『お前ら二人ともやめんかい』と、わしが責めるんちゃうか思うたんやろ。

それで（候補者に）なるもんがおらへんで、わし（武）が（五代目に）なってもうたら宅見は自分の思う通りにならへんからやな。それで早いとこ『渡辺、渡辺』と、こうなったんや」

意外にも渡辺は「中西が五代目に立候補すれば、おたがいに降りる方向で話を進める」と武に伝えていた。ただしこの段階で候補は渡辺、中西、そして武に絞られている。となると渡辺は中西に譲るくらいならば、むしろ武が五代目になることを望んだのだろうか。それとも中西に向けたブラフのつもりだろうか。仮に竹中武五代目組長―渡辺芳則若頭という顔合わせを想像すると、これはこれで興味深い。しかし現実的に存在したのは、渡辺芳則組長―竹中武若頭を推すグループだった。これは武が渡辺の盃を飲む気がない以上、実現不可能な案である。

武は腹の底で渡辺を推したい気持ちを抱えながらも、早急で筋違いな決定は山口組の融和を乱すと考えていた。そのため何度か渡辺と対面しているが、かえって不信感を募らせる結果になった。

「(渡辺は)『自分が五代目になったら、姫路やとか明石からこっち(西)はみな九州まで竹中組にするから協力してくれ』言いよる。わしは『そんなこと言うもんとちがうがな。今の日本見たら、お前あっち行けこっち行け言うて、そんなことするもんとちがうやろ、ヤクザちゅうもんは』言うて渡辺に説教したったんねや。『(仮に)わしやとか、お前のような年の若いもんが五代目でもなろう思うたら、渋いことせなあかんのや。渋いことして、渡辺さん、竹中さん、(五代目に)どうですかと言われたらこう答えるんや。おっさんは四代目の舎弟やったけど、そこまで言うてくれるんやったら、五代目の若い衆(直系若衆)でもなってくれるか、とな。こういうくらいの発言をするような、渋いことせなあかんのや』。そう説教したったがな、けど全然駄目や」(武)

渡辺の「明石から西は九州まで竹中組にする」という発言には思わず苦笑するが、素直に受け取れば、これは五代目就任のための取引ではなく、武に対して「日本の半分を渡すから自分を支えてくれ」という懇願をしたに近いのかもしれない。実際、渡辺は大いに武を頼りたかったに違いない。宅見と武が味方に付けば鬼に金棒という気分だろう。さらに言えば、まるで出来の悪い生徒を諭《さと》すような武の口調には、どこか渡辺に対する愛情も感じ取れる。

その反面、山口組の当代と言えば、全ヤクザ組織のトップという立場である。武が渡辺の言動に頼りなさを覚えても当然だろう。しかも、これ以降に武がセットした渡辺―中西会談を渡辺は無断欠席するなどして、武の不信感を加速させていった。

「来年（平成元［一九八九］年）六月五日で、兄貴が田岡フミ子に（四代目の）指名を受けて五年になるからやな、それまでは誰があーやとかこーやとか言わずに、そこから五代目問題に入ろうということまで決めとった訳や。それが六月五日が来ん前にやな、おかしな動きしてやな」（武）

一方、渡辺が中西と一緒に手を下ろすかもしれない、という発言を聞いた宅見は、確かに焦ったに違いない。ただでさえ苦手な武の取り込みに時間をかけている余裕はなくなった。早く渡辺に五代目として文句のない実績を上げさせなければならない。そこで山本広の引退と一和会解散をどうやって引き出し、渡辺の功績にするか、という課題が最優先になった。

武は続けて、渡辺との長時間にわたる会談を振り返る。

「わしは昭和の最後の年（六三年）の一二月二九日に、朝の一〇時から晩まで渡辺と二人だけで話したんや。その頃に聞いた噂では、（直系組長の）葬式の時に、渡辺はこっちのグループ、中西はこっちのグループ、というように分かれてしもうて、（関係者は）どっちに挨拶したらええんやわからんみたいなことやろ。（それではまずいから）『お前らゴルフするんやから、二人でしたら、（中西が）ああ、渡辺は年は若いけれどええとこあるなあ、と見直すかもわからへん。また逆に（渡辺も）中西さんはええなあ、と思うかもわからん』言うて、（二人でゴルフをすることを）みな約束させたってやなあ（筆者注：このゴルフ会談は結局実現しなかった）。

わしらはその時、御着の姉のとこで話してたんやけど、（正久の）墓参りに行くのも忘れるくらい熱中して話した。（すると）渡辺から質問してきた。

『向こう（山本広）から（解散の）断りして（申し入れて）きたら兄弟はそれも断るんか』『どんな断りするか（山口組の会議で）聞いたらええやないか。それでこんな話をしとるけど、みんなどない思いますか、言うて。

みんな渋い仕事しようと思って（山本広を）狙うとる組があるかわからへんど。話するんやったら（その攻撃を）止めなあかんし、騙し討ちみたいなことできへんからやなあ』

そうわしは答えたけど、そんだけのことを（渡辺は）自分から質問してきたんや。

宅見がまあ焦ったことは焦ったんやろ。わしが若頭補佐《ほさ》になった（実際には、この時点では内定）からやなあ。わしに五代目を取られてしまうかもわからへん思うてやなあ」

なお武の若頭補佐昇格は中西派の若頭補佐・嘉陽宗輝が提案して決まった。劣勢の中西派としては、自派の力で武を執行部入りさせた、という実績を作った訳である。したがって、中西派は武を自派勢力と思い込んでいたのかもしれない。武の昇格に対し、渡辺派としても、表立って反対することはなかった。

司忍との対話

以下は余談になるが、後年、武と司忍が交わした会話を紹介しておこう。

「（自分が五代目に野心がなかったことを）司（忍・弘道会会長、当時）は知っとるよ。（山一抗争の最中）『三重の四日市に山広が入っている情報があるけど、うち（竹中組）は手が少ないから、すまんけど（弘道会の）若い衆を使うてくれ。（山広を）殺《や》ってくれとは言わんし、殺るんやったら殺るでかめへんけど、（山広が通りそうな）高速だけでも張らしてくれ』（と司に）言うて（頼んだことがある）。

司が若頭になる三年前くらい（平成一四［二〇〇二］年頃）に、（その時のことを）二時間ばかり二人で話した。

『わしが（山本広襲撃の）ヒントだけ与えて、お前とこ（弘道会）だけに手柄立てられてまうようなことを、わしが五代目に色気があったら、そんなこと言う訳がないやろに』

『それはわかる』（と司は）言いよった」（武）

武は五代目の地位にこだわっていなかったことを強調し、自分が山口組のためを思って無欲で調停に当たったことを、せめて司には理解させたかったに違いない。

一連の流れを整理すれば渡辺の違約の中身は以下のことである。

・武は山口組の混乱を心配し、渡辺と中西の間を取り持ってゴルフ会談をセットした。ただしこれは実現しなかった（武はこれ以外にも両者の会談をセットしているが、渡辺が無断欠席した）。

・山本広から一和会解散の申し入れがあったら、結論を出す前に内部で意見を聞くよう渡辺に約束させた。なぜなら、山口組の傘下組織が山本広を狙っている可能性があり、山口組全体の了解がなければ、結果的に山本広を騙し討ちにすることも考えられるからだ。

・しかし渡辺の後ろ盾である宅見は、武に五代目への野心があると思い込み、さらに渡辺が中西とともに立候補を取り下げるかもしれないと聞いて焦った。そこで渡辺に早く功績を上げさせようと、拙速に一和会解散工作を進めた。

・渡辺は宅見に同調し、内部の意見を聞くことなく宅見の解散工作に乗った。しかも正久の四代目指名日から五年経過する平成元（一九八九）年六月五日までは五代目問題で動かないという合意があったにもかかわらず、一和会解散工作と五代目問題を関連させて多数派工作に走った。

――以上のような点が、武の言う約束破りである。

渡辺のこうした言行不一致がたび重なり、武は我慢の限度を超えつつあった。

金と謀略と五代目の座

五代目選出に際し、宅見とともに渡辺を擁立したのが野上哲男（二代目吉川組組長）である。野上は大阪戦争で戦功を挙げ、服役中に山口組が分裂すると獄中から即座に竹中支持を表明。四代目体制の直系組長として昭和六二（一九八七）年に出所していた。

すでに複数のルートで一和会への働きかけが行われていたが、結果を出したのは宅見、岸本に野上を加えた渡辺派だった。平成元（一九八九）年三月一六日、渡辺派は稲川会、会津小鉄会の協力を得て、渡辺と山本広の会談を実現させる。その過程では宅見の財力が物を言ったと倉田浩司は言う。

「宅見さんは稲川と会津小鉄に金を山盛り運んどるわ。金額はようわからんけど、噂では一〇億から二〇億ぐらいやな」

渡辺芳則―山本広会談は滋賀県大津市にある会津小鉄会会長・髙山登久太郎の自宅で行われ、その場で山本広は一和会解散と自分の引退を記した書状を渡辺に提出した。渡辺はその結果を報告するべく緊急執行部会を招集する。

事態を知った武は、渡辺に怒りの電話を入れた。

「『解散言うて、そんなもん（書状）もろうたらあかんと言うたやろが。意見聞かなあかんて言うたやろが。お前がわしに相談したんやないけ。わざわざそんなもん（緊急執行部会など）行けるかい。そんなもん（書状は）返しとけ』言うた。

（その時に）中西に言われたんやろ。『（書状の宛名が）四代目山口組・渡辺芳則になっとる。（あんたは）当代とちゃうで』と。渡辺は『（それじゃあ）渡辺芳則（の名前）は消す。ボールペンかマジックで消す』言うたらしい。はっきり言うて腹見てもうた、あいつの。そらもうヤクザとしてはペケポンばっかり」（武）


武は独断で和解交渉をした渡辺を許さず、中西派とともにその責任を厳しく追及した。対して渡辺派は古参組長からなる舎弟グループに「渡辺五代目実現の際は盃をしない」という条件を出して自陣に引き込んだ。舎弟たちは渡辺の盃を飲まなければ当代と並列（兄弟分）の立場を保ち、通常の代替わりで行われる若返り人事に巻き込まれずに済むのである。この策も効果を上げ、渡辺派はいよいよ優位に立つ。最終的に渡辺と中西が五代目として立候補表明し、両者の話し合いで決着することになるが、これは勝負を急ぐ渡辺派の思惑通りだった。

この当時、山口組本家でたびたび開かれた会合の様子を木山修造が語る。

「自分も相談役（正）に付いて何度も本家へ入ってますが、竹中組が（会合に）出るという時は、全員道具（拳銃）を持って入っています。その場で殺し合いになっても構わないということです」

ヤクザの権力争いは、勝っても負けてもノーサイド、という訳にはいかない。生きるか死ぬかである。まして当代が不在で執行部も真っ二つに割れ、ボディーチェックする権限を持つ者などいなかった。一つ間違えれば、山口組本家で弾丸が飛び交っていたかもしれない。

その間にも渡辺派による対一和会工作は進む。三月三〇日、稲川裕紘（稲川会本部長、当時）に伴われた山本広が山口組本家を訪れ、自身の引退と一和会の解散を執行部に報告。正久と田岡一雄の仏壇に焼香した。

この流れを受けて、四月二〇日の緊急幹部会では中西の立候補辞退と渡辺の五代目擁立を討議。武は態度を保留したものの、二七日の直系組長会議で正式に渡辺芳則・山口組五代目組長が決定した。

以下は竹中組の中の言い伝えだが、武が最後に出た幹部会の席上、襟に付けていた山菱の代紋バッジを付き人に外させるやいなや畳に叩きつけ、「喧嘩する組があったらいつでも来い」と言い放って本家を後にしたという。

中西一男の立候補辞退について倉田は次のように語る。

「宅見さんが中西を金で殺してもうたんや。三億渡してるはずや。武のおっさんも、『中西のおっさん、金積まれてやな、向こう（渡辺派）へ行きやがんねん』言うてえらい怒ってたわ」

いずれにせよ勝ち目のなかった中西は、最後に自分を高く売ることに成功し、五代目体制では最高顧問の座に就いた。

発言権なき当代

武は五代目決定の背景をこう振り返る。

「（五代目が決まる）一番最後の幹部会で、四代目の舎弟はみな盃なしや、渡辺は五年間（組の運営に関して）発言なしやて（話が決まったらしい）。それで野上（哲男）がここに来たんや。『お前、ほんまに（渡辺に）そんなこと言うた（納得させた）んか』って聞いたら、『うん』やて。ようそんなこと言うわ。親分が発言せん組が、日本国中、世界国中、どこにあんねん。アホかい。もう（渡辺は）なめられとるんじゃ。

『わしはもう（山口組を）出るから関係ないけども、みな渡辺の若頭《かしら》に賛成で（五代目に）推薦や、推薦や言って、推薦するんなら（みなで）盃飲んだらんかい。四代目の舎弟だって、今度五代目の若い衆になったら、それが（渡辺の盃を飲むのが）ほんまの推薦じゃ。お前らの言うことと、しよること、まちごうとるやないか』

わしがそう言うたったから、みな（渡辺の）盃を飲むようになったんじゃ。（事前の申し合わせ通りに）二十何人盃なしの、五代目と同格の親分がそんなようけおってどないすんじゃい、いうことや。（その後で渡辺は発言なしの期間を）五年間から一〇年間にされてもうたじゃろに。そやから最後はあんな辞め方させられおってに」

武はすでに山口組離脱を決心していたが、ここに至っても騙されたはずの渡辺を突き放していない。

渡辺はこれまでヤクザとしての実績以上に、上の者に可愛がられてスピード出世してきた。山本健一しかり、秀子夫人（山本健一夫人）しかり、田岡フミ子しかりである。正久も武も山本健一との縁で渡辺を助けてきた。渡辺は厳しい生存競争を勝ち抜いてきた猛者というよりも、理解ある大人たちに育てられた、いわばゆとり世代型の当代である。もちろん、渡辺には助力を引き出すだけの愛嬌や気配り、そして期待されるだけの実力もあったはずである。だがこの時点で武が見たのは、宅見を筆頭とするハゲタカグループが、山健組の世間知らずの御曹司に寄ってたかって食らいつく光景だった。倉田浩司に「わしが付いとらなあかんやろ」ともらしていた不安が、予想以上に深刻な形で的中したのである。

渡辺は発言権を譲り渡したことにより、持って生まれた強運をこの段階で自ら手放した。五代目体制の初期段階では宅見一派に政務を預けて「君臨すれども統治せず」の形を取り、五年後には絶対君主の座を与えられる、という確信を渡辺は持っていたのだろうか。その約束が万に一つ守られるとすれば、よほど堅固な後ろ盾と忠実な側近が必要になる。渡辺はそのどちらも備えていないことに気付かなかった。中野太郎（五代目体制で直系中野会会長、後に若頭補佐）も、井上邦雄（後に四代目山健組組長）も、渡辺の守護役にはまだ遠い存在だった。渡辺が宅見を信じ切っていたとすれば、恵まれ過ぎたヤクザ人生の反動と言うべきだろう。

それにしても「五年間発言なし」の条件はすでに定説となっているものの、その後、沈黙の期間が一〇年間に延長された事実には、多くの関係者が驚かされるだろう。五代目体制の暗部は次第に明らかになっているが、武以外にこの事実を語った者はいなかった。武も詳しい経緯を明かしてはいないが、あらためて「発言権剝奪《はくだつ》の延長」の意味は重い。この時点から八年後に引き起こされる、宅見若頭暗殺の要因になったことは間違いないからである。

第六章

山口組離脱

山口組離脱後、
竹中組は「竹菱」の代紋を掲げた

引き止め工作

「出とうて出た訳やない。兄貴が四代目やったからな、ほんまのこと言って（山口組には）一番協力したいのやけど――」

武は山口組離脱についてこう語り、「渡辺らが約束を守らんのやから」と続ける。離脱の直接の原因は山一抗争を巡る路線対立だが、武にすれば、渡辺芳則の裏切りに対する怒りと失望も相当に重かったのだとわかる。

武は、渡辺の五代目就任が決定した定例会（平成元〔一九八九〕年四月二七日）を最後に、山口組の会合に出ることはなかった。その後、山口組は宅見勝の若頭就任を発表し、続いて舎弟二四人、若衆四五人との盃直しを挙式した。野上哲男に向けた武の直言が効いたのか、中西一男を始めとする顧問の四人を除き、舎弟たちは渡辺の盃を飲んだ。宅見は組長代行の座を望んだが、さすがに顧問たちの反対に遭って若頭に納まった。

七月二〇日、山口組本家大広間で五代目組長の襲名継承式が執り行われた。式典の後見人は稲川聖城（稲川会総裁）、取り持ち人は石井進（同会長）、奔走人（渉外担当）は稲川裕紘（同理事長）という面々である。一和会解散、山本広引退を手土産に政権を取った渡辺―宅見ラインが、いかに稲川会に借りを作ったかである。渡辺がこのことに呵責《かしゃく》を覚えることはなかったろうが、式を欠席した武は苦々しい思いだったに違いない。武は例によって「稲川聖城の博打は豪気なもんだ、と敬意を表していた」（溝口敦）が、対一和会工作で稲川会の政治臭さを嗅ぎ取り、ヤクザとしては認めたがらなかった。

一方、武を山口組に慰留する計画も水面下で進められていた。山口組内部には少なからず武への同情論と期待論が残っていたのである。仕掛け人は岸本才三と近松博好だった。岸本は渡辺政権実現の功労で総本部長の座を手に入れていた。だが宅見に近い野上哲男が新設の副本部長となったため、やりづらさを感じていた背景がある。近松は正久が直系組長に上げたいきさつがあり、武とも個人的に親しい。その上、近松と宅見は反目している。岸本と近松は渡辺に対して「四代目の実弟を手放してはならない」と説き、渡辺も同意した。渡辺は素直な気持ちで武を迎え入れたかったように思える。宅見を頼る気持ちとは別に、武にはヤクザの先輩として兄事したかったはずだ。

元竹中組の関係者によれば、武が正式に山口組離脱を宣言する前に、五代目山口組の幹部が大挙して岡山の竹中組事務所を訪れたのだという。目的は、武が山口組に残留するか離脱するかの意思確認ということだったが、実態は圧力的とも言える残留要請だった。この時の

五代目山口組の主な構成（兵庫県警平成元年資料より）

組長　渡辺芳則

最高顧問

中西組	中西　一男	組長（大阪）

顧問

益田組	益田　佳於	組長（横浜）
小西一家	小西　音松	総長（神戸）
伊豆組	伊豆　健児	組長（福岡）

総本部長

岸本組	岸本　才三	組長（神戸）

副本部長

二代目吉川組	野上　哲男	組長（大阪）

舎弟頭

益田（啓）組	益田　啓助	組長（名古屋）

舎弟頭補佐

章友会	石田　章六	会長（大阪）
大石組	大石　誉夫	組長（岡山）
一心会	桂木　正夫	会長（大阪）
西脇組	西脇　和美	組長（神戸）

若頭

宅見組	宅見　勝	組長（大阪）

若頭補佐

英組（大阪）	英　五郎	組長
倉本組（奈良）	倉本　広文	組長
黒誠会（大阪）	前田　和男	会長
弘道会（名古屋）	司　忍	会長
下垂一家（浜松）	滝澤　孝	総長

光景を間近に見た関係者が言う。

「やって来た幹部の数は十数人やろうね。事務所の周囲は（幹部に随行する）山口組の組員と、黒塗りの車で埋めつくされとったもんねえ」

山口組五代目体制発足時の幹部といえば、執行部（総本部長、副本部長、若頭、若頭補佐）に舎弟と顧問を加えても一七名である。その大半（全員の可能性もある）が竹中組事務所に集結したことになる。これほどまでにものものしい動きはなにを意味するのだろうか。たとえ山口組側が誠意を見せようとして幹部の顔をそろえたデモンストレーションだったとしても、これはどう考えても友好的な慰留工作などではない。力づくでも武を山口組に引き止める、あるいは封じ込めるための動きである。

その理由は、恐らく武が山本広の命《たま》取りを放棄しなかったことにあるのだろう。引退した山本広の命を山口組が保証することは、山一抗争終結に尽力した稲川会や会津小鉄に対する公約である。一方、武の山口組離脱は、その公約から逃れて山本広の命取りを続行する宣言に等しい。武を野に放つことは、すなわち山口組にとっての重大危機だったのである。

武も山口組の意図には気付いていたのだろう。通常であればヤクザ関係者には必ず事務所で対応するのだが、この時には山口組幹部たちを奥屋敷（家族の住まい）にある二〇畳ほどの広間に通している。一触即発の状況下で、竹中組組員も、山口組幹部の随行組員も双方が出入りできる事務所を面談場所に使うのは危険過ぎたのである。奥屋敷では武夫人が急ぎお茶を用意し、武の娘とお手伝いの婦人がお茶を配った。それ以外の者には広間への立ち入りを一切禁じ、武は一人で山口組幹部十数人と対峙した。

「女三人だけしかいない奥屋敷やったら、山口組側もかえって物騒なことはできまい、という親分の狙いもあったんや」と、この関係者は推察している。

結論は、周知の通り竹中組の山口組離脱である。武は決意を変えなかった。ただし、その決意を押し通すために、ヤクザ同士の面子《めんつ》を賭けた息詰まるような攻防が密室で繰り広げられていたのである。

宅見の脱竹中戦略

以降、宅見は露骨に脱竹中路線を敷く。これまで毎月の定例会は四代目組長・正久の命日に当たる二七日に開かれていたが、六月からは三代目時代に戻り、田岡の命日の五日に変わった。これが脱竹中戦略の第一弾である。

その変更後初の定例会（六月五日）で発表されたのは、竹中組（竹中武組長）、二代目森川組（矢嶋長次組長）、牛尾組（牛尾洋二組長）、森唯組（森田唯友紀《ただゆき》組長）の離脱である。矢嶋長次は正久との付き合いに始まる武の朋友であり、森田唯友紀は正久が直系に引き上げたため武に近い。また牛尾洋二は姫路の湊組出身ながら武との個人的な親交が深い。

四組織の山口組離脱について倉田浩司は次のように語った。

「矢嶋さんも森田さんも牛尾さんも、武のおっさんに対して『兄弟、出るんなら一緒に出るで』いうことで一致してたんや。おっさんは『(お前らが) 出るも出んも、それはわしには関係ない。うち(竹中組)を選ばんでもええ。わしは辛抱できんから、うちとこで(竹中組独自で)行くんやから』という言い方やった」

また元竹中組・木山修造によれば、こんな騒動もあったという。竹中組から直系に上がりながら、不義理を覚悟で山口組に残留した佐藤邦彦(佐藤組組長)と須藤潤(須藤組組長)が、指を詰めて詫びを入れることにした。その話を聞きつけた武は、「そんなことする必要ないわ。お前ら自分の道を走らんかい」と言って収めたという。

宅見が強行した脱竹中戦略の第二弾は、相撲で言う文字通りの「仏壇返し」だった。山口組本家に安置していた正久の位牌と仏壇を引き取るよう、武にねじ込んだのである。しかもその申し入れの使者は、親竹中派と見られた岸本才三、竹中組出身の佐藤邦彦、この二人に舎弟頭補佐・西脇和美(西脇組組長)を加えた三名である。踏み絵を踏ませるような人選と言っていい。当然、竹中家にも仏壇があることは見越しており、しかも山口組本家には先代の位牌も仏壇も置かない、という意思表示である。それほど宅見が竹中色の復活を恐れていた証拠でもあるが、意趣返しとしては念が入っている。

山口組にとって難問の一つに守り刀の譲り受けがあった。守り刀は当代である渡辺が継承すべきものだが、正久の死後は武が保管していた。武が譲渡を拒否すれば当代の正統性に傷がつきかねない。執行部は守り刀を入手するため再び使者を武のもとに送った。今度は最高顧問・中西一男以下、四名である。一方で足を踏みつけながら、にっこり笑って手を差し出すような譲渡申し入れだが、武はあっさり承諾した。銃刀法の規定に従い、渡辺の名義で刀の登録が済んだら引き渡すと確約した。さらに武は山菱の紋が入った純金製の三つ重ねの金杯を渡辺に届けるよう使者に託した。正久がかつて誕生日に贈られた品である。これは形見分けでもあり、渡辺が正久の命日に贈る花への感謝の気持ちでもある、と武は言い添えた。

武は、正久が四代目組長を務めた山口組に、意味のない嫌がらせをする気などなかった。ただし、それだけに渡辺の頼りなさと軽さが許せなかった。

「四代目の刀を持って行ったのは牛尾（洋二）さん。武のおっさんが全部用意して牛尾さんに『持ってってたってくれ』言うて、それはもう気持ちよう渡しとるんや。ただ自分が持って行くのは悔しいだけで。渡辺さんの顔を見るのも嫌やから、『会ったらもの言うてまう（罵声を浴びせてしまう）』とね。五代目のこと『あのオカマだけは』言うてた。あんだけ仲良かったのに。最後、刀は牛尾さんが中西（一男）のおっさんのとこへ持ってってったはずや」（倉田）

山口組は、中西らの使者が武を訪ねた同日（六月二五日）、竹中組を始めとする四組織の離脱を文書で他団体に発送した。処分を伴わない除籍という主旨だった。

攻撃開始

山口組は以降、竹中組にどう対したのか。絶縁した傘下組織ならいざ知らず、除籍した組織を元の上部団体が攻めることはまずない。しかし宅見が指揮を執る五代目山口組は違っていた。武らが離脱してほどなく、矢継ぎ早に連続攻撃を仕掛けたのである。

あえて山口組の攻撃に大義名分を探すとすれば、やはり武が山本広への報復続行を公言していたことである。山口組は幹部を総動員してまで武を引き止めにかかったが、武は離脱を強行することで山口組の意思には従わないことを天下に示した。したがって山口組が竹中組を攻撃する理由は、武の反山口組的な行為、すなわち山本広の命《たま》取りを阻止するという、この一点に絞られる。

同時に、宅見は武も竹中組も消し去ってしまいたかったに違いない。人間は誰しも苦手な相手がいるものだが、宅見にとって武は天敵だった。武と竹中組の存在はどうにも目障りであり、恐怖さえ抱かせたかもしれない。

後に続く竹中組への攻撃は、宅見組系と山健組系が中心だったと見られている。

七月三日夜、山口組傘下の組員が岡山市新京橋の竹中組本部事務所に走行中の車から発砲。翌四日には病院帰りの牛尾組組員を銃撃し負傷させた。山口組の宣戦布告である。

七月一八日、竹中組は山菱の代紋から「竹菱」（菱形に竹の字をデザイン）の代紋に切り替えた。「竹」で組織の独立性を、「菱」で組織の正統性を表したものと思える。

七月二八日、竹中組は総会で、牛尾洋二の舎弟頭補佐就任など新人事を決定。同時に、杉本明政・舎弟頭補佐の除籍、生島仁吉・若頭補佐と宮本郷弘・若頭補佐の破門を発表した。処分を受けた三人はいずれも山口組からの離脱に反対していた。

その翌日の七月二九日、山口組は臨時直系組長会で「竹中組で拾える組員は拾ってよい」と言明。宅見勝はさっそく杉本明政と宮本郷弘との舎弟盃を交わした。このうち杉本は宅見組の組長代行という重要ポストに就いている。

八月二七日、武は竹中組の総会で、木山修造らの組員に向かって次のように語りかけた。

「山口組を潰そうと思ったらいつでも潰したる。けど兄貴が継いだ組をわしが潰せんやろ。だから、なにがあっても辛抱してくれ」（木山）

竹中組本部銃撃、牛尾組組員銃撃の実行犯はまだ割れていなかったが、他団体の処分者を勝手に拾う行為は明らかなご法度である。本来であれば、竹中組は杉本、宮本の件で宅見組に報復しなければ示しがつかない。しかし、武の唯一最大の目的は山本広の命取りである。山口組との消耗戦に巻き込まれる訳にはいかない。したがって武は組員に自重を呼びかけるしかなかった。そしてそれ以上に、正久が四代目を務めた山口組に弓は引けない、という気持ちも強かったに違いない。

山口組は一〇月（五日）の定例会で「竹中組組員は拾ってよいが一〇月五日を期限とする」と通達。これは普段の会議ではほとんど発言しない渡辺からの指示だったと言われる。もしこの情報が正しいとすれば、渡辺は「竹中組組員を拾っていいのは本日（定例会当日）限りで、以降は認めない」という事実上の禁止令を出したことになり、竹中組の早期壊滅をもくろむ宅見とは明確なスタンスの違いを打ち出したことになる。渡辺には少なからず武への同情心が残っていたのか、あるいは武をいじめ抜く宅見への憤《いきどお》りだったのか――。そんな深読みをさせられてしまうほど、武と渡辺の関係は微妙なものに映る。そしてこの不可思議な印象は、二人の距離がさらに広がっていく後年まで続くのである。

去る者は追わず

竹中組内部は揺れていた。山口組の代紋を捨てることは、言うまでもなくシノギの弱体化を意味する。端的に言えば「ヤクザの筋か、明日の飯か」の二者択一である。しかも現実に姫路競馬場や、繁華街の姫路魚町では、山口組に竹中組の既得権益を奪われかけていた。明日の飯に困れば、「ありがたい親の思《おぼ》し召《め》し」は、一転して「あこぎな親の我がまま」になる。「自分のことしか考えない親のせいで飯が食えなくなる」のである。

山口組の切り崩しはすぐに成果を出した。幹部だった杉本、宮本、生島の離脱をきっかけに、竹中組組員は続々と山口組系の組織に吸収されていく。地元紙を始めマスコミは「ヤクザが伝統とも誇りともしてきた、親に対する絶対的な服従関係が崩れ去った。ヤクザは単に凶悪なギャング集団になり変わりつつある」と書き立てた。また現場の警察官も同様の主旨で「今どきのヤクザは」と嘆くそぶりを見せた。

もちろんこの論調には「仁義や筋を売り物にするヤクザの正体ここに見たり」という冷笑が多分に込められている。だが言い方を変えれば「ヤクザは仁義を守り、筋を通し、親に対する服従関係を守るべき存在」と見られていることになる。つまりこれらの条件を守ればヤクザは凶悪なギャング集団と区別され、掛け値なしのヤクザになり得るのだ。

ごく普通の人間ならば、一般社会がヤクザの世界以上に「仁義や筋より明日の飯」で動くことを承知している。例を挙げればきりがないが、「あの人の言うことにだけは逆らったら首が飛ぶ」「この慣例を破れば無条件で責任を取らされる」といった理不尽な掟がどの職場にもあり、なおかつ従業員は自ら進んでその掟に従っている。つまり堅気の大半が「現実には勝てない」と最初から割り切っているのである。いささか乱暴に言えば、前記の論調は「堅気が長い物に巻かれるのは当たり前なのだから、せめてヤクザは仁義を守り、筋を通す存在であれ」という切ない願望の表明なのだろう。したがって一般の堅気は、ヤクザが「明日の飯など考えない、やせ我慢の超人」であることを望み、万に一つその希望が叶えばヤクザの存在を許すのかもしれない。

しかし残念ながら、シノギを巡るヤクザの離合集散は、それこそ伝統的に繰り返されている。大別すれば、棲み分けを重視する関東のヤクザに比べ、縄張り意識の薄い関西のヤクザにその傾向が強い。とりわけ山口組は無節操なほど組員の内部流動性が高かったため、そのエネルギーによって今日の大を成したとも言えるのである。

すでに触れたように、武は山口組の本質を見抜いていた。

「山健組が一番やったら山健組、竹中組やったら竹中組、弘道会やったら弘道会、その時に力があるとこへわーっと押しかけて。(山口組は)そんな組やもん」(武)

武にとって竹中組組員の大量離脱は想定済みであり、倉田浩司によれば、幹部にこう伝えていたという。

「武のおっさんがみなを呼んで、『(竹中組を)出るもんは出て(自分で)やれよ。出てってもええ』言うて。『そんなこと、わしは止めることはない。うち(竹中組)にいたってええことと一つもない。飯が食えんようになるぞ。みな一緒やで。若い衆がかわいそうやし、気の毒や』。そういうふうに、おっさんは言うとった」

武は自分の覚悟を組員に押しつける気はなかった。したがって杉本以下、三名に対する処分の意味は懲罰ではなく、むしろ残った組員への礼儀だったはずである。

「みな、そんなやったんや。みな山口組へ戻ってるやん。フーさん(藤田光一)いうて若頭補佐やったもんも、池田(山口組直系池田組)へ行って五〇〇〇万もろうとるやん。博打して三日でスッてもうたけどな。（組を出て行った者に）武のおっさんは文句を言わない。（出て行った者は）みな陰で挨拶に来てる。杉本も生島も宮本も」（倉田）
てた。

後日の話になるが、竹中組から宅見組や大石組（大石誉夫組長）へ移った組員たちは、移籍先の状況を武に報告している。

「大阪のうちの宮本（郷弘）が、橘貴智雄いうて（宮本の後で）宅見のとこへ行く奴に言うてた。

『兄貴（橘）、（宅見組に）来たらあかんで。自分が（すでに）やりにくいんやから。事務所で言うたことを、喫茶店行ったらちがうこと言う奴ばっかりや』」（武）

その忠告を受けた橘は、宅見組に移籍後、武に次のように語ったという。

「あんな宅見みたいなもん、『うち（宅見組）へ来い来い』言うて、盃するまでは『橘さん』『キッチョーさん』言うて、さん付けしとったんが、盃飲んだとたんに『キッちゃん』『タチバナ』言うて呼びつけやて。

（盃の時にもらった）時計まで返してくれ言うて、ローレックスで裏に『宅見』て書いてあるやつ。（宅見の名を騙《かた》って）悪いことに使うたらあかんからやな、返してくれ言うて。（橘は）『（時計を置いてあった）東京まで取りに行きました』言うてた」（武）

次の槍玉は、竹中組と同じ岡山を地盤にする大石組である。

「大石（誉夫・大石組組長）らでも、うちの枝の葉っぱみたいな若い子にでもやな、一億円出したりなんかしてやな。（それが返せなくて）『親分すんまへん』て指詰めて持ってったら、『わし、指貸したんとちゃうで』言うて。そら指貸したんとちゃうやろ。それなら指出さんでええやろに」（武）

もちろん、これらは後日の話であって、元竹中組の面々は、あえて武を喜ばせるような話し方をしたのかもしれない。しかし愚痴話だからこそ、相応の真実が含まれているに違いない。加えて、組の離脱者が、元の親分にこんな話ができる竹中組の雰囲気にも興味が尽きない。

「命《たま》を取ってからにせい」

山口組は竹中組傘下組織に執拗な攻撃を続けていた。

八月二三日、竹中組・大西康雄若頭の事務所（姫路）を襲撃。同日、笹部組事務所（姫路）を銃撃。

八月二四日、牛尾組事務所（姫路）を襲撃。

八月二五日、山本組組長・山本浩司の自宅（兵庫県加古川市）を銃撃。

八月二六日、竹中組相談役・竹中正の不動産会社（姫路）に清掃車が突入。同日、林田組事務所（姫路）を銃撃。

八月二七日、西岡組事務所（香川県高松市）を銃撃。

八月二八日、一志会組事務所（神戸）を銃撃。

八月三一日、竹中組系組員の自宅（岡山県美作《みまさか》町）を銃撃。

この間、姫路を中心とする竹中組幹部が集まり、対策を協議する動きもあったが結論は出ず、山口組の連続攻撃によって笹部組、林田組、一志会が竹中組を離脱した。

そして三一日、タイミングを見計らったように、山口組は岡山の武に使者を送った。一行はいずれも若頭補佐の倉本広文（倉本組組長）、司忍（弘道会会長）、前田和男（黒誠会会長）の三人。勧告の内容は竹中組の解散と武の引退である。武が「わしの命《たま》を取ってからにせい」と言い放って勧告を当然のように突っぱねると、使者は回答期限を九月四日と通告。ひとまず手ぶらで引き上げることになった。

山口組は期限切れの九月四日から竹中組傘下に攻撃を再開する。

九月四日、貝崎組事務所（岡山）を銃撃。同日、竹中組相談役・竹中正の自宅を銃撃。

九月六日、宮本興業事務所（岡山）を銃撃。

九月七日、竹中組幹部の自宅（兵庫県太子町）近くの会社員宅を誤射。

九月一〇日には拳銃を所持していた宅見組系組員が姫路で逮捕されている。

武と行動をともにした三組織にも、山口組は容赦なく攻勢をかけた。その結果、八月には森唯組（森田唯友紀組長）が解散。竹中組に所属した牛尾組・牛尾洋二組長は引退。二代目森川組の矢嶋長次組長も引退し、同組若頭だった山田忠利が組員を引き連れて山口組に戻った。

この頃、後藤忠政（後藤組組長）は武の身を案じていた。なんとか山口組との間を取り持とうと考えていたのだろうが、武はこれもはねつけている。

「後藤（忠政）の兄貴でもそうや。

『会うてくれへんやろか』て、ガチャガチャしてる時に（言ってきた）。

『来るんやったら、お前のとこよう世話なっとるんやから、なんぼでも会うたらあ。でもわしにやなあ、『引退してくれ』いうそんな話するんやったら一〇〇万べん来てもあかんぞ』言うて（やった）。

『鉄砲の弾、ポーンと音したらのお、ぶるぶるするような者ばっかりと思うとったらあかんぞ。逆な者もおるんやから、よう頭に入れてやな、その話（引退勧告）とちがうんやったらいつでも来い。いつでも会うけどやな、そうでなければ無駄になる。汽車賃がもったいないだけや、用件がそれやったら』

（他の者だったら）脅しとお金とでやな、両方でやられてまうがな。アメとムチでポーンと脅かされたりやな。わしらお金なんか持って死なれへんと、そない思うとるからやな。見てみいや、三代目の親分（田岡一雄）、金残して死んだかい。立派な親分で銭残して死んだ親分どこにおるんや」（武）

残留の意地

竹中組の組員は日に日に減っていったが、去った者ばかりではない。一和会系伊原組の解散で竹中組に移り、竹中正（竹中組相談役）のもとで料理番をしていた木山修造は、竹中組残留を決めていた。しかし木山の伊原組時代からの親分・岩崎義夫（竹中正組内岩崎組組長）は、山口組直系倉本組へ移籍するという。木山の籍はまだ岩崎組にあったので、岩崎は当然のように木山を倉本組へ連れて行こうとした。ただし木山には自分なりの筋がある。おいそれと右から左へ動く気にはなれない。そこで親分の岩崎に直談判して決着をつけることにした。木山は姫路から大阪の岩崎組事務所へ行き、自分の考えを遠慮なく岩崎にぶつけた。

「伊原組の時は組が（解散して）なくなった。どこへ行ってもかめへんやろけど、竹中組はまだ組があるんや。残るのが筋とちがいまっか」

「わしがよそへ行くのに、親の言うこと聞けんのかい」

「それはちがいまっせ。竹中組は山口組を出ても組はあるんや。わしは岩崎組の若い衆といっても、若頭《かしら》の盃を飲んどるだけや。一〇年もいるのにあんたの盃は受けていない」

「盃せんでも若い衆として今まできとるやないか」

「失礼ですけど、盃に殉ずるんか、組織に殉ずるんか。わしは竹中正の盃を飲んどるから竹中組に残る。岩崎組いう組織はわしには関係ない。盃も飲んでないのに、なんであんたに殉じなくてはあかんのや」

「偉そうにぬかすな。おどれにヤクザの講釈を聞くとは思わなんだ」

最後は喧嘩になると覚悟していた木山は、ベルトの腰のあたりに拳銃を差していた。岩崎組の幹部がそれを見つけて唸《うな》るように言った。

「親分、こいつ道具（拳銃）抱えて来てまっせ」

この言葉で事務所にはただならぬ空気が流れた。

「もうええわい。お前ら説得せい」

岩崎は早々にサジを投げて立ち去った。木山はさらに言葉を続ける。

「わしは竹中組に残る。おまはんらは行きたいとこへ行かんかい。殺すんやったらいつでも殺しに来い」

木山は撃たれてもいい覚悟で岩崎組に三行半《みくだりはん》を突きつけ、そのまま事務所を出た。

木山が姫路の竹中組事務所へ戻ると、警察官が張りつき警戒をしている。その日の朝、山口組のカチ込み（襲撃）を受けたばかりだったのである。木山が拳銃入りのバッグを下げ、なにくわぬ顔で事務所へ入ろうとすると、突然、警官に待ったをかけられた。ボディーチェックすると言うのである。拳銃が見つかれば一大事だから、さすがに木山は慌てた。すると、その様子を間近で見ていた竹中組幹部が警官に鋭い声を発した。

「おい、死にに来ている若い衆をボディーチェックするんか、お前は」

一瞬、この言葉に考え込んだ警官は、ほどなく苦笑いを浮かべて木山を解放した。警官は「死にに来ている」という意味をどう理解したのか。つまりこの警官も、木山が竹中組に残るという行為は、死地に飛び込むほど重い覚悟の上だと理解したのだろう。

武は木山の話を聞いてすぐに岡山へ呼んだ。すでに倉本組舎弟岩崎組の名義で木山への破門状が出されており、武は慎重に確認した。

「倉本組舎弟言うて、倉本と岩崎の盃はもう済んどるんかい」

「いえ、盃は済んでません」

「盃が済んでせえへんのに、なんで倉本組舎弟ぞえ。ヤクザの筋から言っておかしいやないか。そんなもん気にせんでええ。そのままおれ」

武はどこまでいっても「筋」なのである。一安心した木山に武は五〇万円を無理やり受け取らせ、静かに言った。

「こんな状態やからシノギもできへんやろうけど、ちょっとの間、辛抱しとれよ。苦しい時期になるけども――」

武が木山の行動に心を打たれたのは間違いないが、このような組員は極めて少数だった。

「寂しかったですよね。竹中二〇〇〇人軍団と言われたものが、だんだん抜けていきますからね。けど反面、しようがないとも思いましたよ。シノギができないんですから。まあ自然に出ていった感じで、ある日気がついたら『あれも出ていったん、あいつもおらんようになったん』いうことです。（事前に）親分に伝えたもんもおるかもわからんし、そのまま出て行ったもんもおるかもわかりませんけど、とにかく順番に菱（山口組）に帰って行きました」（木山）

木山が竹中組の将来を不安視したのは当然だが、武が予言した通り、本格的な苦難はこれからであった。

第七章

山竹抗争

兄・正久の墓参りをする竹中正（左から3人目）と武

山口組からの香典

愛憎入り混じる山口組―竹中組抗争（山竹抗争）のねじれ具合は、随所で奇妙な光景を描き出した。竹中組への攻撃が始まって三ヵ月ほど後の一一月五日、山口組は正久の山口組組葬を本家で執り行った。施主が渡辺芳則、葬儀委員長は宅見勝である。竹中組と抗争状態ではあっても、四代目の組葬をやらない訳にはいかない。ただし喪主を武に務めさせることはできず、正久の内妻・中山きよみを予定していた。この動きに兵庫県警が口をはさんできよみの参列は取りやめになり、その際、山口組は香典としてきよみに三〇〇〇万円を贈ったものの、その金を突き返されたと言われていた。

ところが武の証言で、きよみは香典を一度断った後、最終的に受け取っていたことがわかった。その陰には、武の次のような助言がある。

「『兄貴が油断しとったために、（報復で）懲役に行っとるもんがおるんや。殺人やらガラス割り（カチ込み）やらで。あんな大きな事件（正久暗殺）で山口組のために体張って死んどる者もおるのやないけ。言ってみたら、あんた（きよみ）は若い衆を預かっとんのや。たとえ一〇〇万ずつでもしたったって（渡して）くれ』。わしはそう言うた訳や」（武）

これは香典の使い道について武がきよみに話したことだが、きよみが香典を断ったことを知って武はこのように申し出た。

「『（香典を）突き返しとったら（その金を分配できず、正久の若い衆が）感じ悪うしたらいかんから、三〇〇〇万やったら（自分の金を）これから（竹中組の者に）持って行かしたるから』言うたんや」（武）

こう言われて中山きよみは考え直し、香典を受け取ることにしたのである。つまり武にすれば、山口組から贈られる香典は正久の若い衆に贈られたものだ、という解釈である。ここは山口組へのメンツよりも、若い衆への思いやりを優先した形である。組長としての武は若い衆に厳しい要求もしたが、こうした細やかな配慮も常に忘れなかった。

「（姐さんにとっても）きれいな話やろに。それで押し通したらええんや」（武）

竹中組は山口組の攻撃に対して一切反撃せず、少ない手兵で山本広の命《たま》取りに集中していた。すると二人の組員が手がかりをつかんだ。元一和会幹部（解散時の本部長）が山口県柳井市に住んでいることを突き止めたのである。しかも元幹部が山本広とひそかに会っていたという情報も得ていた。二人の組員はこの元幹部から山本広の居場所を聞き出そうと考え、自宅を急襲する。だが当人が留守だったため、居合わせた夫人に拳銃を突きつけて居場所を探った。しかし気丈な夫人の口を割らせることはできない。元幹部は警察に被害届を出さなかったが、この情報はやがて山口組の知るところとなる。

こうなれば山口組も手をこまねいてはいられない。山一抗争終結を助けた稲川会などの外部団体には、山本広の命を保証すると確約していたからである。竹中組の衰えぬ殺意を見せつけられ、山口組はいったん下火になりかけていた攻撃を再開する。

平成二（一九九〇）年一月一八日、山口組系組織が姫路にある正の自宅を銃撃。同二三日、正の自宅の前の路上に火炎瓶を投擲《とうてき》。二月五日、正の新築中の建物に放火。同二七日には犬を散歩させていた正の配下を銃撃して重傷を負わせ、さらに元牛尾組組長・牛尾洋二が経営する不動産会社を襲い拳銃で従業員二人に重傷を負わせている。

ここで目立つのは正に対する攻撃である。正は前年一〇月にヤクザ引退を宣言していたが、かえって狙い撃ちに遭っている。これは武のいる竹中組本部（岡山）が警察に厳重警備されていたためであり、あわせて正から竹中組に流れる資金を断つためだ、と兵庫県警などは見ていた。木山の証言によれば、正の引退宣言は実際には偽装的なものだったようである。

兄弟の絆

木山から見ると、武と正の関係は決して親密なものではなかったという。

「兄弟やからいうて、あんまり二人でべちゃくちゃ話はしません。相談役（正）はどっちかと言うと堅気の事業家タイプ。武親分はヤクザ丸出しタイプ。でも陰で心配し合ってたんです。おたがいに『もっとガードを付けたれ』言うて。当人同士はどっちもガードなんか付けないんですけど。

山口組を出た時に舎弟の一部が相談役をかついで、竹中組を山口組の直系で残そうという動きがあったんです。それを相談役はすぐに蹴った。『わしはそんなことはせえへん』の一言です。相談役も武親分も考えてはることは一緒です」

正久、正、武の関係は、どの関係者に聞いても和気藹々《あいあい》ではない。武と正久は「仲がいいのは、もって一週間」という証言を先に紹介したが、武と正も車に三〇キロ同乗して一言も口をきかないことがあったという。

倉田浩司は、武と正について次のように語る。

「マーシ（正）は宅見（勝）さんと仲が良かったんや。事業で協力し合ったこともあるしな。武のおっさんは誰よりも宅見さんが嫌いやのに、マーシが時々宅見さんの肩を持ったりするから、兄弟仲が険悪になることもあったんや」

武と正が一枚岩だったとは言えないが、男兄弟というのは得てしてそんなものかもしれない。ただし山本広への対し方、山口組離脱の決断など、決定的な部分では決して割れなかったことが竹中組の強さだった。

竹中組は山口組を出て以降、正の援助があったにせよ財政は慢性的に苦しかった。組員の木山修造にも察しはついたという。

「野球賭博はしていなかったというより、できなかったですね。親分の懐《ふところ》はちょっとわからんけども、金を回す方法は切り崩しだったんじゃないですか、今までの蓄えを」（木山）

関西の実業家・伊崎哲也は次のように聞いている。

「だいぶ後の話ですが、親分（武）はポロッと言うてました。『兄貴が殺《や》られてから、わし二億からの金使うたがな』って。（山広邸襲撃のための）ヘリコプターや武器を買う金もしかり、（山本広を狙って）ヒットマンで潜った人たちの準備費、生活費なんかでね。

（山本広を狙う）ヒットマンの志願者グループは何班かあったみたいです。でも『潜りまっせ』言うといて、『タマ（資金）がなくなりました。送ってくれなはれ』と言ってくる人はいますよね、たとえ行く気がなくっても。自分が行かんでも『（自分の）下に実行犯がいまんのや』言うて、一〇〇〇万引っ張って五〇〇〇万渡しよるとかね。そういうのが正直なところいてたと思うんです」

倉田浩司は、山本広に対する襲撃費用をこう見積もる。

「二億ではとてもきかんやろ。一〇億はいかんにしても五億はいっとるで」

いずれにせよ竹中組の出費は山本広の襲撃費用だけで済むものではない。抗争時の裁判費用、懲役に行った若い衆に対する手当、組の維持費など、想像しづらい金額である。

武は資金を確保する必要もあったのだろう、平成元（一九八九）年七月には、姫路に竹中組が所有するビルを四億四〇〇〇万円で売却した。伊崎によれば、このビルの買い手は姫路市である。姫路市当局はビルから竹中組の所有権を消すことで、市内における抗争の予防になると考えたのだろう。ビルをいったん買い取った上で大手警備会社セコムに売却している。武は売却で得た資金の中から、竹中組離脱者への餞別を捻出した。

メッセージ

竹中組の粘りに手を焼く山口組がしびれを切らし、中山きよみの居宅に銃弾を撃ち込んだのは、平成二（一九九〇）年三月四日のことである。

「結局、わしをやめさす（引退させる）ためにやな、姐御（中山きよみ）の家まで撃ち込んだ。姐御のとこにも（正久の）仏壇があるんやで、山口組が持ち込んだのが。仏壇持って行って、持って行った所へ撃ち込みに来るんかい。（仏壇に）弾が当たったらどないするんじゃい」（武）

「坊主憎けりゃ袈裟まで憎い」を地で行ったようなカチ込みだが、さすがに四代目の姐に対する攻撃は山口組も筋違いと認め、しばらく配下の組員をきよみ宅の警備に当たらせた。こういう錯綜ぶりを見ても、竹中組に対する山口組の戦略は一本化されていない。宅見の脱竹中路線は明確だったが、山口組全体が乗り気だった訳ではないのである。

しかし、やはり抗争は生きるか死ぬかになる。中山きよみ宅襲撃というボーンヘッドの翌三月五日、竹中組組員が岡山の自宅で六発の銃弾を浴び、山竹抗争で初の死者を出した。また六日、岡山市内で竹中組組員と勘違いされた飲食店店主が銃撃で重傷を負わされている。この誤射事件に警戒を強めた岡山県警が同日、高速道路で検問中、拳銃と銃弾を積んだ車を発見。この車に乗っていた四名の竹中組組員が逮捕された。このうちの一人の自供により、山口県柳井市の元一和会幹部宅への侵入事件が割れた。一二日には岡山で山口組と竹中組の組員同士による銃撃カーチェイスがあり、さらに同日、鳥取県倉吉市で竹中組幹部が三発の銃弾を浴びて殺された。続いて一四日には竹中組幹部宅を狙ったと思われる銃撃事件が発生している。

竹中組は組員の離脱に加えて逮捕者、死者を出したことで二〇人規模まで激減したが、武は岡山県警からの非公式な引退勧告に頑として応じなかった。

溝口敦は、武の山口組離脱以降も連絡を取り合い、取材を続けていた。

「山口組を出て（武さんが）苦しくなったという感じはしましたけどね。経済的なこともあるけど、山広を追うことが難しくなったという意味で。

その頃、武さんから電話があって、

『一和会の幹部が会合に出るから手榴弾をぶち込むんだ。そういう態勢を取ったから見ててくれよ』って言うんです。

僕はそういう情報を受け取りながら、もちろん迷惑じゃないんだけど、『武さんが僕みたいに情報を伝える先が何人かいるんじゃないかな。危ういな』と思った訳。そうしたら案の定、この事件は事前に割れちゃった。それで失敗ですよ。

僕にそういう微妙な問題を明かしてくれて、それはいいんだけども、僕レベルの人間が何人もいて、そっちから情報がもれる。そのことに非常に危惧を感じてましたね。『そんなことは教えてくれなくていいですよ』って、よっぽど言いたくなったけど、言わなかったけどね。それは武さんのある種の甘さかもしれない」（溝口）

武が山本広襲撃計画を一部明かしたことについては様々な解釈ができるだろうが、推察するに武は自分からのメッセージを親しい関係者に伝えたかったのではないだろうか。つまり「自分の闘志は衰えていない」という意思表示である。そうであれば、武にとっては山本広殺害という目的よりも、山本広を狙い続けるという意志の持続が重要だったのだろう。計画の一部を第三者に伝えることによって、自らを鼓舞する必要があったのかもしれない。それほど武を取り巻く状況は厳しく、武自身も苦しかったことと思える。

ショベルカー来襲

武と地元を同じくする大石組の組員が、岡山市新京橋の竹中組事務所に奇襲をかけたのは三月二一日午前四時のことだった。総量二三トン、キャタピラー付きの大型ショベルカーに乗り、事務所への突入を図ったのである。ショベルカーの運転席には鉄板が張られ、防弾の準備も怠りなかった。ただし、この鉄板が運転席からの視界を狭め、襲撃を困難にさせる原因にもなった。

もう一つ、攻撃側には致命的な誤算があった。竹中組事務所前の道路が狭すぎたのである。事務所に突進するショベルカーは道路わきのブロック塀に接触し、コンクリート製の電柱二本を倒し、さらに駐車していたワゴン車に衝突して動きを止めた。事務所まではまだ四〇メートルほどの距離がある。警備に当たっていた地元の警察署員が拳銃をかざして投降を呼びかけると、大石組組員は素直に従うしかなかった。

竹中組は地の利に助けられた形だが、事務所の立地には武の計算があった。倉田浩司がその意図を解説する。

「新京橋の家は特殊やねん。道路が細くてな、攻められた時のために（防御用で）わざと買うとったんや。そらもっと（いい物件が）買える、言うとったもん」

ひとまず武流の築城術が功を奏した訳だが、大石組も簡単には引き下がらなかった。第一次襲撃から一八日後の四月八日午前四時、今度は総量一〇・二トンのタイヤ付きショベルカーで竹中組事務所を襲ったのである。この中型サイズなら事務所まで苦もなく走れる。しかも運転席は防弾ガラスで覆われているから視界も広い。ショベルカーは警察が用意した車止めを簡単にはねのけた。しかし、その行く手にパトカーが立ちふさがる。ショベルカーは果敢に突っ込み、パトカーを引きずり、取りついた警官を乗せて走行を続ける。警官はタイヤに向けて発砲するが、ショベルカーはパンクしながらも走り、前進後退を一〇回繰り返して事務所に突入。ついにエンストを起こすまで動きを止めなかった。その際、竹中組組員たちが投石などで抵抗。うち一九歳の少年が包丁を持ってショベルカーによじ登り、逮捕されている。

この二度にわたる事務所攻撃を武はどう受け止めていたのか。

「ショベルカーで大石ら（の組員が）乗ってきたいうんで、ショベルカーの上は防弾しとるから、下の隙間から（運転手の）足しか突かれんからやな、うちにおった少年の子が出刃包丁持って足突いてもうて殺人未遂や。（その時）警察が、突いた子を『撃つぞ撃つぞ』言うて。（殺しに来た奴より）こっちの方が罪が重いんや。結局（少年は）殺人未遂に問われてもうて最後は傷害になったわいに、執行猶予が付いたんやけどな。その時でも警察に言ったわい。

『お前らここに張っとってやなあ、殺しに来とるのに、お前らが守らなあかんこっちゃないかい。お前ら同罪じゃ。みな言うたらい。読売、朝日、毎日新聞もみな呼んで、岡山県警はこんなんやぞ、マスコミにみな言うぞ』て。

こんなごじゃなこと、どこにあんねん」（武）

武に言わせれば、「ごじゃ」は大石組より警察の方なのである。これには警察も大石組も拍子抜けしたことだろう。さらに武の怪気炎は続く。

「ここ（竹中組事務所）でも一番バッターで入江（禎《ただし》・宅見組若頭、当時）のところの勝心連合かなんかがカチ込みに来たわいに。警察がおったってなにもせん。（だから自分たちが）横のマンションのとこで捕まえて、ピストルもなにもかもみな取り上げてもうてやな、バットやなにかでボコボコにどついてもうて。『バットでどついて（相手の）あばら骨が折れたからいうて、バットで折れたか、転んで折れたか証拠があるんかい』。（警察に）そう言うたった」

竹中家の受難

竹中組の組員数が二〇名ほどに激減し、警察を盾にしてようやく山口組の攻撃に耐えるという状況で、武の士気はいささかも衰えていないように見える。ただしこの時期、事務所の裏に住む家族は受難の日々を送っていた。武の二人の娘のうち長女は社会人になっていたが、次女は学校通いを止められ、教師が自宅に出向いて個人授業をしていた。次女の不登校期間はほぼ四年におよんだという。

「武のおっさんが悪いんや。でも（家族を）よそへ住ます訳にいかんし、また狙われるからな」（倉田）

男の意地を通し切るには、別のなにかを差し出さねばならない。それは平和な暮らしであり、築いた富であり、時に家族の場合もある。

伊崎哲也が武の家族関係を語る。

「（竹中組）事務所の裏に家族が住む母屋（奥屋敷）があって、組とは完全に分けていました。一部の古い組員を除いて若い衆が裏へ行くこともなかった。たくさん物をもらっても、裏へ持って行け、と言われることはほとんどなかったですね。

姐さん（武夫人）はお嬢さんたちに、若い衆のことをこう言ってたそうです。

『あんたらが関わる人ではない。若い衆をあごで使うな。まったく別の人たちや』とね。

食事の時には、親分はいつも事務所で若い衆と同じものを食べてました。僕が差し入れを持って行って親分の料理だけ別の皿に用意したら、『あかん。一緒にせえ。全部一緒にして、みなでつつける皿に入れろ』って怒られました」

家族と組の関係は倉田浩司の証言にもうかがえる。

「奥さん（武夫人）はねえ、もう（組のことには）全然タッチしはらへん。表へ出たがらんし、買い物いうても組の車は使わずにタクシーで行くような人でね。ほんまに上品な人やった」

武夫人について、関係者の多くが倉田と同様の印象を語る。ただし、当時の竹中組組員から実情を聞いていたある関係者によれば、夫人は単に控えめで上品なだけの女性だった訳ではない。

「親分が勾留中のことやけど、深夜に事務所で若い衆が喧嘩して騒いだ時に、姐さん（武夫人）は一人で乗り込んで行って、若い衆のほっぺたを平手打ちして黙らせたこともあるらしい。近所迷惑になるようなことは絶対にさせへんかったんやな。

その上で喧嘩の原因を聞きはって、目上に逆らった弟分には長幼の序を言い聞かせ、目下をないがしろにした兄貴分には上役の心得を言い聞かせた、いうことや」

日常では家庭と組の関係に厳しく一線を画しつつも、武が不在の折には若い衆に毅然として振る舞っていた様子がうかがえる。武は自分の妻について語ることはなかったが、社会常識に富み、どっしりと腹の据わった夫人の存在に、大いに助けられていたことは確かだろう。

周知の事実ではあるが、正久は終生結婚をしなかった。その理由を正久から直接聞いていた元捜査員が語る。

「四代目は『ヤクザいうたら（ヤクザのくせに）、みんな女つくって（嫁をもらって）子供つくるけど、おかしなことするもんや。やっぱり子供に罪はないんやから、自分はようせん』と言っておった。正も武も結婚して子供もおるんやから、家族に対する考え方はちがうねん」

木山修造は自身の経験に照らしてこう言う。

「わしは四代目の『ヤクザに女房子供はいらん』いう言葉が好きやったですね。昔のことですけどヒットマンで行かなあかん時に、相棒の一人が『子供がおるのに死ぬのは――』言うて、わしの目の前で泣いたんですわ。その時に思いました。やっぱり女房子供がおるとこんなになるんかなあと。なかには子供がおって（ヒットマンとして）行ってる人もいますよ。けどやっぱり『行き足が鈍る』いうのを聞いてましたから」

そういう訳で木山も独身を通した。


平成二（一九九〇）年六月一八日、武は逮捕された。およそ五ヵ月前の一月二四日、竹中組組員が山口県柳井市に住む元一和会幹部の自宅を襲った前記の事件で、武は共同正犯と見なされたのである。すでに「岡山県警暴力団対立抗争事件総合対策本部」を立ち上げていた捜査陣は、武が柳井市の事件を指示し、実行犯に数百万円の逃走資金を渡したことを立証しようとしていた。そのため機動隊を含めた二五〇人の警察官を動員し、竹中組事務所と組員宅をしらみつぶしに手入れしている。武が引退を拒否する以上、竹中組を潰すためには手段を選ばなかった。

竹中組組員・木山修造も喫茶店にいるところを岡山県警に見つかり、引っ張られた。

「竹中組からの脱会届を出さんかったらそのまま勾留するとか、無茶苦茶なやり方やった。こっちも『勾留する理由をはっきりせい。弁護士に電話する』言うて、だいぶ揉めました」（木山）

木山は激しく抵抗して勾留を免れたが、その直後、山口組の傘下組員を相手に出合い頭の暴行傷害事件を起こしてしまう。警察の手に落ちることを嫌った木山は姫路の正に経緯を報告し、事件に加担していたもう一人の竹中組組員とともに逃亡の旅に出る。日本各地を転々とした木山が竹中組に復帰するのは、およそ一二年後のことである。

逮捕された武は柳井事件への関与を頑強に否定した。もともと捜査本部は引退勧告に耳を貸さない武に対し、「逮捕にまさる抗争の予防なし」という考えで臨んでいる。八月中旬に岡山県警が確認したところ、竹中組事務所にいた組員は六名であり、同月末には事務所前の警備を解除した。

続いて九月一二日には、兵庫県警が山広邸襲撃の主犯・安東美樹を大阪の西天満《にしてんま》で逮捕する。依然として武の取り調べは難航していたが、安東逮捕で捜査本部は活気づき、竹中組消滅のもくろみは達成されるかに見えた。

渡辺―武会談の誘い

武が柳井事件に関して保釈金一億円で釈放され、一審で無罪判決を勝ち取ったのは平成四(一九九二)年二月七日のことである。正久暗殺の直後に逮捕され、一年五ヵ月ぶりに釈放された時には山口組総出の迎えを受けたが、それから六年たって武の立場は一転していた。

しかし、山口組には依然として武を呼び戻したい勢力があった。

「わしが保釈で出た時、山健組の幹部らが、『妹尾《せのお》(英幸・妹尾組組長)が山健(組)の舎弟になったから、挨拶がてら親分の顔を見に寄ってよろしいか』と言うてきた訳や。それから二時間ほどして来たがな、妹尾と山健のもう一人の幹部が。

ほなら『親分の桑田(兼吉・三代目山健組組長、当時)を(岡山に)来させるから、わしに神戸まで行って渡辺(芳則)に会ったってくれへんやろか』と(言う)。『二人(武と渡辺)だけで(山口組復帰の)話を決めてくれたら、どんなことでもやる』と言うさかい、『今その時期とちがうから』と言って断った訳や」(武)

つまり渡辺の意をくんだ山健組幹部が、武の山口組復帰に向けて動き出したのである。五代目体制のもとで札幌抗争(山口組―稲川会抗争)、八王子抗争(山口組―二率《にびき》会抗争)を経験し、若頭である宅見勝の主導権が突出していくにつれ、渡辺もその周辺も焦りを感じていたに違いない。武の連れ戻しは、渡辺にとって重要課題だった。

「わしは保釈中やったから、（柳井事件で）山広を探させたったことはないという判決が出て、無罪になってからやったら（神戸に）行ってもええけどよ。たとえば岡山県から兵庫県へ行く場合でも（保釈中は）簡単にはいかへん。ヤクザに一億円の保釈金いうたら、（当時の）刑事事件であらへんよ。二一世紀になってから（ようやく）、滝澤（孝・山口組直系芳菱《ほうりょう》会総長＝國領屋下垂一家から改称）なんか（銃刀法違反の保釈金が）一二億や言うて、金持ちやから無罪になるかなれへんかわからん事件を、ようけ金積ませて（保釈で）出すんやから。

その時、妹尾らも『道仁会の松尾（誠次郎・二代目会長）と相談役（正）と兄弟分にならへんか』いうような話も持って来たがな。『みんな心配してくれるのやから、（裁判で無罪になるよう）妹尾らに証人に立ってもろうたらええやないか』というようなことも幹部が言いおった。

『あれから（武の山口組離脱から）五年たっとる訳やから、桑田も平《ひら》の若い衆（直系組長）から幹部（若頭補佐）になっとるし、ある程度の発言力もある。桑田に岡山まで足を運んで来さすから、そのかわりに、わしが渡辺と会いに神戸まで行ったってくれへんか』いう話や。

それはわかるけども、まだその時期じゃない言うんは、仮にわしが神戸へ行ったとか渡辺と会うたとか警察やなんかにもれると、わしが（山口組と）取り引きして証人に立ってもらって有利な証言をさせたとか、そういうふうに裁判所に取られるやんか。わしは（そんなことをしなくても）無罪になると思うてたから、それはいらん（必要ない）からやな、『今その時期とちがう』言うて、そう返事した」（武）

念のために武が言わんとすることを整理しておこう。

・柳井事件で保釈された武は無罪を確信していた。ただし当時としては異例の一億円もの保釈金を積んでいる。それほど重要な裁判を控えた状況では、岡山から神戸へ行くことさえ簡単ではない。

・山健組幹部らは、道仁会など外部の者も竹中組を心配してくれており、自分たちも武が裁判で無罪になるよう証言してもいい、と申し出てくれた。

・さらに、山口組幹部として発言力のある桑田兼吉（山健組組長、当時）を間に立てるから、神戸で渡辺五代目と会い、山口組復帰の話を二人で決めてくれ、と言われた。

・武は渡辺と会うことを基本的に了承したが、その時期を裁判終了後に設定するよう頼んだ。というのも、裁判の前に渡辺と会い、しかも山口組関係者に証言を頼んだりすれば、武が裁判を有利に運ぶために山口組と取引をしたと裁判所に勘ぐられる。武は自分の無罪を確信していたから、余計な疑いを持たれないよう会見時期の延期を求めた。

武の話は以上の要旨である。

話の様子からは、山健組幹部が「渡辺―武会談」をかなり熱心に働きかけていたことがわかる。武の方も申し入れを拒否せず、裁判後であれば渡辺に会ってもいいと考えていた。しかし、この話が立ち消えになった理由は宅見にあった、と武は言う。

「そういう動きを山健組がしよるいうことが宅見にわかったんやろう。それでわしに（山口組に）帰られたら、自分がぺしゃんこにされる思うてやな、焦った訳や。

そやから、そういうことがあってから山口組の幹部会で（宅見が）『竹中のところとはまだ話がついてへんから、そのことはみんなよう覚えとってくれ』言いおったと聞いたもん。

そやけど渡辺は『その時期やない』言うてわしが断ったことに対して、当時でも怒っとったんちゃうか。まあ、なんにしても恐がりやからな、渡辺いうんは」

宅見にしてみれば武の復帰など論外だっただろう。武に対する個人的な敵意や苦手意識だけではない。山本広は引退したとはいえ、この時点ではまだ存命中である。武が山本広の命《たま》取りを放棄しない以上、山一抗争終結に関与した他団体の手前もあり、山口組に迎え入れることなど、とうてい考えられないのである。むしろ渡辺が武の復帰を期待したのであれば当代としての見識を疑われようが、見方を変えれば、当代としての渡辺の無力感、孤独感が浮き彫りになる。発言権を奪われ、組の運営にタッチできない虚しさをようやく実感していたのかもしれない。

さらに話を広げれば、もし武復帰運動に近い現象が後の六代目体制で起きれば、関係者は有無を言わされず破門か絶縁の処分を受けるに違いない。それは三代目体制での菅谷組に対する処分、四代目体制での一和会に対する対応を考えれば、ヤクザ組織として当然のことだろう。その点ではむしろ五代目体制が特殊だったと言えそうだ。

五代目体制の二重権力構造は、絶対権力の不在と同義である。政治権力は宅見が握っていたにしても、その権力の裏付けは宅見の財力に負うところが大きい。軍事力と言えば依然として大兵力を擁する山健組が突出している。なにしろ「山健にあらずんば山口にあらず」の時代である。実質的に最高指揮官の宅見といえども、隅々まで威令が行き届くところまではいかなかったのだろう。そういった条件下で武への共鳴者は生き残り、竹中武という山口組史上類例のない「在野のカリスマ」を生み出したのである。

山本広の死

山本広がひっそりと息を引き取ったのは平成五（一九九三）年八月二七日のことだった。「歴史は勝者によって作られる」という原則はあるにせよ、山一抗争の敗軍の将・山本広の評価はあまりにもかんばしくない。「あさっての広ちゃん」のニックネームに象徴される決断力のなさ、無責任ぶり、さらに統率力のなさ、勝負弱さ、金切れの悪さ等々、およそ有名ヤクザにふさわしくない評価が並ぶ。そしてこれらの悪評は、一般の会社で「結果を出せなかった上司」に向けられる陰口とほとんど変わらないことに気づく。人間の後付け評価は、住む世界が違っても本質的には変わらないのかもしれない。

あらためて山本広の履歴をたどれば、ヤクザとしては圧倒的に勝ち組の一人である。終戦で海軍から復員後、田岡一雄の舎弟だった白石幸吉のもとで港湾事業に従事し、経済ヤクザの走りとして昭和三一（一九五六）年に山口組直参となった。翌年には早くも若頭補佐に抜擢されて山広組を結成。以降、キャリアの大半を山口組の筆頭若頭補佐として過ごしている。しかも最高位は組長代行まで上がった。この輝かしい履歴と評価の落差はどこから来るのか。それは田岡一雄の人使いに由来するのだろう。

田岡は山口組が博徒集団であることの不安定さを危惧し、組員に正業を持つよう勧めた。そして山口組を「正業を持つ者たちの親睦集団」と表向きには位置づけていた。しかし本音では抗争を勝ち抜く武闘派集団の首領《ドン》として、暴力を絶対的に信奉している。その二面性を担保する意味で、田岡は山本広的な人材を必要としていた。つまり武闘派特有の危うい激情気質に対してバランスが取れる適度の臆病さを持ち、叩いても居直らず、いつでも代替えが利く人材として山本広が必要だったのである。実際、幹部の投票で得た若頭の座を田岡にひっくり返されても山本広はぶち切れず、以降、たとえば若頭補佐のポストを取り上げると恫喝すれば、なんでも言うことを聞かせられる自信が田岡にはあっただろう。しかし田岡の死後、山口組は山本健一という武闘派の中心人物を失い、山本広は当代の座を争う位置まで来てしまった。結果的にこの巡り合わせが山本広には不幸だった。平時のまとめ役としてなら機能しても、山一抗争という戦時のリーダーにはまったく不向きだった。

一和会解散後、山本広の晩年は悲惨だった。竹中組の追跡を避けながら各地を転々とし、酒におぼれる日々だったと言われる。最後はガンに冒され神戸市内の病院で死んだ。享年六八。

山本広を生涯の仇敵としてきた武は、その死をどう捉えたのか。常に身近にいた倉田浩司には一言の感想ももらさなかったという。直接の証言として残っているのは、関西の実業家・伊崎哲也が後年になって聞いた「山広はケジメを付けれんかったから、あんなことになってもうたの」という言葉である。またある関係者には、「山広は病院で死ねてよかったやないか」と語っている。山本広の死から一〇年近く経ってからの言葉とはいえ、あまりにも第三者的な感想に聞こえる。

武は山本広を個人的に深く憎悪していた訳ではあるまい。「四代目は、山広に一年でも二年でもさせたったらええやないか」という先の証言でわかる通り、正久のように山本広を完全否定していた訳ではない。武は山本広という人間ではなく、そのヤクザとしての振る舞いが許せなかったのだ。

武は「我が兄　竹中正久」と題した手記（『山口組四代目　荒らぶる獅子』解説）で次のように記している。

「山本広はあれだけの事件を起こしながら、後々、組員が出所した後、こらえて欲しいとか、黙って見過ごして欲しいとか、一言でも私に弁明なり依頼なりがあったか。皆無だった。山本広は自分さえよければいいと、刑務所に行った若い者のことまで考えなかった。無期の者でも二十年も経てば社会に戻ってくる。長い懲役で罪の償いはつけたわけだ。だが、問題にはっきりけじめがついていなかったなら、出所したとき、自分は報復され、殺されるのではないかと不安に思うだろう。この意味で抗争のけじめは誰にでもわかりやすい形でつけるべきなのだ」

　武は刑務所へ行った若い者のためにケジメを求め、ケジメが付かないから山本広への敵討ちを続行したのである。それがヤクザの親分として最低限守るべき原則だった。したがって先に紹介した「兄貴が殺《や》られてよ、この度はここで辛抱するけど、今度（同じ目に）遭ったら辛抱せえへん——それは通らんのや、わしの場合は」という武の発言を、肉親としての憎悪と捉えては意味がないのである。

敵討ちの意味

　現代の日本で、敵討ちという行為は決して報われない。見事敵を討ち果たしたところで手元にはなにも残らない。しかし「得るものがなくても、それをしなければ失うものがある」という考えが武にはあった。「失うもの」とはヤクザとしての資格である。だから犯罪で殺された被害者の親族が、犯人の極刑を望む心情とは一線を引きたがっていた。もちろん元捜査員が「武が兄貴の敵を討つということは、そら当たり前や。それはヤクザやのうても血が通うとるもんやったら、(兄が)殺されて喜ぶもんおりまっか」と語るように、すべてをヤクザの筋で割り切っていた訳ではないかもしれない。それでも武は山本広と山口組執行部、そして稲川会など業界他団体に筋論を突きつけ、ヤクザの資格を問うたのである。

長年追い続けた仇敵が手の届かない場所で死んだ時、討っ手がどんな心境になるのか推察は難しい。ただし山本広の死後、武が口を極めて彼をののしったというような事実は見当たらない。武は山本広の生存を前提として、自分の義務を全うしようとしていた。それも竹中組という名を掲げての行為だからこそ意味がある。どんなに苦しくとも、途中で降りる訳にはいかない。山本広の死が武に計り知れない喪失感を与えたのか、それとも少なからず達成感や、安堵感をもたらしたのか。その答えは謎のままである。

武は正久襲撃の主犯・石川裕雄に対して次のように語る。

「謝りに来て線香でも上げたら、わしはこらえたる。北山(組)の石川(裕雄)らにはそういう言い方(伝え方)をしとる。無期(懲役)食ろうて、断り(謝罪)に来るとすれば『なんぼでも来るんやったら来んかい』という一貫した態度を通したらなしょうがない」

事件当時(昭和六〇[一九八五]年)、三六歳だった石川は無期懲役の判決を受け、現在も旭川刑務所で服役している。石川は刑期として仮釈放の条件を満たしているものの、事件については「日本男児としてやらなければならなかった」と主張し続けている。反省の態度を見せないことを理由に仮釈放はなされていない。

さらに武はこんな話も明かしている。

「霊が乗り移るおばあさんいうのがいて、兄貴が弱って死ぬ間際に『山広だけ頼むぞ、山広だけ頼むぞ』言うたって話や。山広が亡くなってから、そのおばあさんのとこへ行ったらやな、（正久の話として）『山広が、わしのとこへ断り（謝罪）に来たがい。（山広が）死んでしまったらもうええわい』。そういう言い方やもん」

武が霊媒師の託宣をどう受け止めたにせよ、山本広に対するケジメだけでなく、正久に対するケジメを付けられたのかどうか、大いに気がかりだったことも確かなのである。

第八章

宅見暗殺

宅見若頭が射殺された新神戸オリエンタルホテル

襲撃犯は割れていた

平成九（一九九七）年八月二八日、武にとってやはり宿敵とも言える若頭・宅見勝が射殺された。

この日午後三時過ぎ、宅見は新神戸オリエンタルホテルのティーラウンジで総本部長・岸本才三、副本部長・野上哲男と歓談していた。その場に突如乱入してきた四人の襲撃班が宅見に七発の銃弾を浴びせて逃走。宅見は搬送先の病院で一時間後に死亡した。この襲撃で岸本と野上は無傷だったが、流れ弾を受けた歯科医師が六日後に死亡している。

山口組幹部会は、襲撃班を乗せた逃走車が中野会傘下組織のものであると突き止め、同月三一日に中野太郎（中野会会長、若頭補佐、当時）を破門。さらに九月三日、歯科医師が死亡したことで絶縁処分に切り替えた。

この事件の背景は様々に語られているが、山口組五代目体制のゆがみが最も衝撃的な形で露出したと言っていい。そして武は後年、事件の処理で山口組に多大な貢献をすることになる。なぜ在野にある武の登場が求められたのか。そのいきさつは後に触れるとして、まずは宅見射殺に至るまでの流れを簡単に振り返っておこう。

宅見射殺事件前年（平成八［一九九六］年）の七月一〇日、京都府八幡市に住む中野太郎が自宅近くの理髪店で複数の会津小鉄系組員に銃撃を受けた。中野のボディーガードが逆襲に出て会津小鉄側の二人を射殺。中野は危うく難を逃れている。

この事件直後、宅見は会津小鉄・図越利次若頭の訪問を受けて即座に和解し、中野には一切の相談がなかった。また会津小鉄側が用意したという詫び金（一億円から五億円の諸説がある）についても、その行方は不明瞭だった。

他方、渡辺五代目と同じく山健組出身の中野は宅見の専横を苦々しく思っていた。また渡辺も九年間にわたって発言権を奪われており、宅見離れを画策している時期だった。そこで渡辺の意をくんだ中野が宅見に若頭辞任を迫っていたという説もある。

もう一つの背景は、平成八（一九九六）年二月、三代目山健組組長・桑田兼吉と会津小鉄・図越利次若頭、共政会（広島）・沖本勲会長が三者で兄弟盃を交わしていたことである。そのために宅見は会津小鉄と一刻も早い手打ちが必要と考えた。しかし中野会は会津小鉄と張り合いながら京都進出を図っており、この点でも中野と宅見の思惑は嚙み合わなかった。

こうした状況で中野会若頭補佐・吉野和利が七月に宅見襲撃班を編成。二ヵ月近い準備を経て宅見射殺に至った、という流れがほぼ定説になっている。

その後、山口組は宅見組を中心に中野会への攻撃を仕掛けたが、渡辺五代目は中野会の復帰を模索しているとも見られ、中野会は絶縁処分に対して解散を拒絶したまま独立組織を維持することになった。

中野太郎の告白

中野会絶縁から四年後の平成一三（二〇〇一）年一〇月二八日、劇画家の村上和彦は中野太郎を京都の自宅に訪ねた。訪問時には、中野、村上の両者と面識のあった浪川政浩（現・浪川会会長）が同行している。村上は以後、何度か単独で中野を訪ね、宅見事件の経緯を聞いた。

村上和彦は『昭和極道史』など実録物を基本とする任侠劇画家で、自作を中心に映画製作も手がけている。また盃の儀式に関する著書・映像作品（ともにタイトルは『任侠・盃事のすべて』）もあり、関係者に請われて媒酌人を務めることもある。したがってヤクザ界とのパイプは太く、後に武とも親交を結ぶことになる。

以下は、村上が中野から直接聞いた事件のいきさつだが、背後には噂通り宅見のクーデター計画があったという。

「（中野）太郎さんがクーデターの全容をしゃべってくれた。

宅見が渡辺五代目を総裁的な立場に祭り上げて、桑田（兼吉・山健組組長＝若頭補佐、当時）

を六代目に、名古屋（司忍・弘道会会長＝若頭補佐、当時）を若頭《かしら》に、古川（雅章・古川組組長＝若頭補佐、当時）を舎弟頭にして、自分（宅見）は後見人になるという絵を描いた。

桑田は（渡辺の出身母体の）山健組だから、いわば五代目の親衛隊長。宅見は現金五〇億を積んで桑田を籠絡《ろうらく》したという話やね。桑田はその気になって『次はわしや』とまわりに言い回っとるという話が出ていた。

宅見は傀儡《かいらい》だった五代目を完全に骨抜きにせないかんと思ったんやね。五代目は『五年間はもの言うな』という期間を一〇年に延長されて、そこでいろんな摩擦が出てくる。

これは本当かどうかわからんけど、五代目がいる奥の院（山口組本家の居室）で、宅見が五代目に突っかけたらしい。

『あんた（渡辺）のためになんぼ出しとるかわかっとんのか。立て替えた金を返してくれ』

五代目も言い返した訳や。

『それは（渡辺個人のためではなくて）五代目山口組のために使った金やろ。ええ加減にせな、代紋で稼いだ金は全部取り上げるぞ』

宅見は金を持っている訳だから、五代目に金を返せと迫った話に信憑性があるかどうかは別だけど、水面下で二人が対立していく構造を、わしは何度か聞いたことがある」

続いて村上の話は細部に入っていく。

「当時、五代目が一番摘発される材料は脱税。（中野太郎の）散髪屋事件で会津小鉄が持ってきた金はどうしたかわからんけど、山口組の直参たちから吸い上げた金やとかもあるし、いずれにせよ何十億という金が五代目に入っとる訳や。それが表に出た時に、五年から一〇年の懲役もあり得る。高額の脱税やからね。

『俺は五年や六年の懲役はどうってことないんだ』と五代目が言ったとか、現場を見た訳ではないけれど、奥の院の話がわしらにはどんどん入って来よったね」

もちろん話の真偽は不明だが、使用者責任の回避（後述）と脱税逃れで渡辺が休養を勧められたという話が実際に流れた時期はあった。

「ただ、（宅見から持ち掛けられた）クーデターについて、太郎さんはこうたずねたらしい。

『若頭《かしら》（宅見）よお、桑田は六代目、司は若頭、古川が舎弟頭、あんたが後見人、それはええけど、わし（中野）はどうなる』

『そりゃあ兄弟（中野）は七代目やれや。桑田はもって一年やから、桑田に一年やらして、あんたが次をやればええ』

太郎さんとしては、五代目を守るために新しい体制を取ろう、というのが前提だからね。要するに（五代目の）使用者責任（を回避するため）の話で手を打つと聞いとる。クーデターとは思っていないんだ、最初はね。それで太郎さんは宅見にこう聞いた訳よ。

『親分（渡辺）は了解しとんの、このこと』

『いや、まだ話していない』

『話して本人が嫌だと言ったらどうすんだ』

『いやあ、その時はあんなもん殺してもうたらええんや』

宅見はそういう言い方をしたらしい。太郎さんが言うにはよ。で、太郎さんにしたら、それはちょっと筋が違うだろうということよ。

『若頭《かしら》（宅見）、もうあんたも（この話は）言わんかったことにせえや。わしも聞かんかったことにするから』

太郎さんはそれで話を流してしまった。その後に起こるのが散髪屋の事件。だから（宅見が仕掛けた）口封じと思うわね」

古川組と会津小鉄

村上は別のルートからも情報を得ていたという。

「これにもう一つ信憑性があるのは古川組の動き。太郎さんが散髪屋で襲われた時に、古川（雅章・古川組組長）が古川組の本部にいて、そこへ京都府警から電話が入ったらしい。

『二人死んだ』言うて。

古川は中野太郎が死んだと思い込んで直参に電話した。

『中野太郎が死んだぞ。葬式の用意せなあかん』言うて。

ところが、一時間ぐらい経ってからまた電話があって、

『死んだのは（中野ではなくて）会津小鉄や』言うんで（古川は）腰抜かしよった。

その（古川組本部の）現場にいたのが山下（稼業名）いうて、後で古川組を出た奴や。わしもちょくちょく麻布十番で飲んでた盆中《ぼんなか》の人間（業界の友人）でね。で、その山下が電話の現場に立ち会っていた。だから古川は中野が襲われることを知っていただろうと。

『古川は中野が死んだと思い込んで直参に電話して、後で京都府警から電話がかかってきて死んだのは小鉄や言うて、また電話かけ直しよったんや』。そう言うて、わしに説明したのが山下。

この山下も麻布十番のホテルの喫茶店でガラス越しに（銃弾を）撃ち込まれて殺される。前の日までわしと一緒に飲んでてよう。これが殺《や》られた時に警視庁から電話があって、飲んでた時の状況を聞かせてくれって。

二年後くらいだったかな。古川組の枝が山下の命《たま》を取ったことがわかったのはね。だから全部つながってんだよ」

中野襲撃に古川組が関与していたとの情報は一部で流れていた。電話連絡の現場にいた元古川組の山下が村上に内情を語ったことで、その裏付けが得られたことになる。

ただし村上によれば、山下射殺事件は古川組による口封じではなかったという。なぜなら古川は、山下が中野襲撃事件の内幕を明かしたとは知らなかったのである。古川に愛想を尽

かしていた山下は、古川組への復帰を誘われた際、「山口組には戻っても古川組には二度と戻らん」と言い放ったため、古川組に恨みを買っていたことが事件の原因だという。

村上の話は古川組と会津小鉄の関係におよぶ。

「共政会の沖本、会津小鉄の図越、山健の桑田の三人が兄弟盃をした時、いろいろと根回しに動いた古川が図越と親しくなっとる訳や。それで、最終的に中野襲撃を会津小鉄に下請けさせたのは古川。というのも、古川は太郎さんに恨みがあった。

昔の話だけど、大門会（山口組直系、熊本）で跡目争いがあった。そして組を継いだ者がライバルを絶縁してしまう。その絶縁されたライバルを古川が拾うとかいう話が出た時、古川は大石（誉夫・初代大石組組長）さんに『五代目に聞いてみてくれ』と頼んだらしい。それを聞きつけた太郎さんが怒った訳や。

『こらアマ（尼崎を本拠とする古川の通称）、よそが絶縁した人間を拾うとはどういうこっちゃ』言うて、幹部一同がそろうとる席で怒鳴りつけた。これで下手を売らされとるから、古川は太郎さんに恨み骨髄だったらしいよ。それで宅見らとの話で中野の口封じせなならんとなった時に、手を挙げたのが古川だった。当時、会津小鉄は髙山登久太郎（四代目会長）と図越（利一）総裁が反目《はんめ》になっている時期だったから、古川は図越の息子（利次・後に五代目会長）にこう言うたらしいよ。

『お前、いつまで待っとっても（会津小鉄の）五代目（の座）は来んぞ。これ（中野襲撃）に協力して、もしめくれた（ばれた）ところで責任取らないかんのは（当代の）髙山登久太郎やろ。お前は小指一本詰めときゃ、五代目が転がり込んで来る話やろが』ってな。それで図越を口説いたって話」

弘道会の反応

ここまでが、中野自身の話に関係者の証言を加えたクーデター情報である。しかしこの情報が村上の仕事に重大な影響を与えたという。

「こういう話を本当は架空の主人公を軸に、実録風に描くつもりだった。それで実際に連載作品（『修羅の劇場』）を二、三回描き始めたんよ。ところが警告が入った。弘道会の幹部会で毎月わしの名前が出とると。そういういろんな圧力がかかってくる訳よ。

わしの連載は太郎さんが（山口組に）復帰することが前提やったし、太郎さんも『先生の好きなように描きなはれ。俺は必ず復帰するから』と断言してた。それが間違いない言うんでやりだしたのに、いつまで経っても復帰せんのやから、おかしゅうなるわ、こっちも。

弘道会側に言わせたら『（中野の山口組復帰は）一〇〇パーセント目はない。絶対にあり得ないから』という訳。これは佐藤（義徳・名古屋の風俗店「ブルーグループ」元代表）から言われた。こっちは本当に身近な人間の情報にもとづいてやってきたつもりやけどね。わしらが銭かけんと得る情報（中野復帰情報）はやっぱりあてにならんと思うたね。佐藤は金かけとるからね。

佐藤は高山（清司・弘道会若頭、当時）と親密な関係やから、わしが山口組のクーデター事件を描いたことで警告しよったもん。『あんまりそういう話はね。どうせ弘道会の天下が来るんだから』言うて。なにしろいろんな人が中に入って警告が来る訳。その度に顔を立てて休載したりで、出版社にも読者にも迷惑がかかる訳ですわ。それでこれでは駄目だと連載を打ち切らざるを得なかった。中野復帰は一〇〇パーセントないと確信したことで。（中野が復帰しなかったのは）やっぱり五代目が優柔不断だったいうことやろね。その一語に尽きるわね」

なお佐藤義徳は名古屋の風俗王と呼ばれ、かねてから弘道会の資金源と目されていた。平成二五（二〇一三）年一月、佐藤は愛知県警の捜査員に対する脅迫事件に関連して逮捕・起訴され、その公判中、愛知県警とブルーグループの大がかりな癒着構造が明らかになった。その結果、佐藤は脅迫と地方公務員法違反幇助の罪に問われ服役している。

揺れる五代目

武は一連の動きについてこう語っている。

「組織やなんや言うたところで番頭がしっかりしてなあかんわ。渡辺でもそやろ。中野がおったからなんとかなったけど、その中野をしたれへん（面倒を見てやれん）のやもん。無茶苦茶や。桑田（兼吉）がおったけど、桑田みたいなもん、なんの活躍もせえへん。

謹慎しとる奴（中野）を破門や言うて、それをまた絶縁やと。渡辺みたいなもんあるかいな。『（絶縁に反対しているのは）わし（渡辺）一人でやな、執行部がみな（絶縁にしろと）責めてくるのやもん』やて、どっちが親分や子分やわからへんやないけ。そら（五代目に）なる時に『発言しまへん』となっとるからやな、あかんやないか。それ（発言なしの期間）をまた（五年から）一〇年にされてもうたみたいだわい」

渡辺は宅見射殺事件の前から執行部で中野を頼りにし、私生活でも電話で長々と話し込むことが多かったという。絶縁後も連絡は絶やさなかったのだろう。そして恐らく渡辺の言動は中野経由で武に伝わっていたはずである。武は中野に対して終始同情的だったが、それは宅見に対する嫌悪の裏返しだったかもしれない。

「中野は言うとった。『わし（中野）が宅見の若頭《かしら》に、ちょっと二〇〇〇万貸してくれへんか言うて、この金を借りたために銭に弱いと思うてやな、宅見が安く見やがったのや』とな。みな中野がようけ金持っとるやなんや言うけど、実質はそんな持ってない。兄貴にしたたって、山広にしたって、初代の山健にしたって、（金は）ようけ持っとらん。神戸みたいな

（シノギの少ない）ところでやな。そらやっぱり東京へ出なあかんわ」（武）

その上で、会津小鉄から出されたという詫び金について武は次のように語る。

「（中野が）散髪屋で撃たれた時に銭が出てることを聞いとったから、『それを調べて中野にやってくれ』いうことを司に頼まんならんと思ってやな。（会津小鉄からは）一億出てんねん。（中野は）小切手でもろうとんねん。五億出た言う者もおる訳や。中野が京都府警で事情聴取されてる間に宅見が（会津小鉄との和解交渉を）済ましてしもうた。それ（金）は中野に出たんか、渡辺に辛抱したってくれ言うて、そのための金か、そこらのことはわからへん。だけど会津小鉄の方は『五億持ってった』と言うとったからやな。そやけど宅見や岸本や、あれらがすることは、サカモチ食わされて（反撃されて）殺された（会津小鉄の）奴にでも一億ずつぐらい香典でしとるわい、裏からな。そんなこと（気遣いを）するんよ、あれらは」

武は会津小鉄から詫び金が出たことを承知していたが、確実に中野に渡るよう司忍に依頼していた。武の中野に対する気持ちはこうした配慮に表れている。実際に中野に渡された金は一億円だったようだが、中野は会津小鉄の死傷者への見舞金などにその金を使ったと武は見ている。

さらに倉田浩司の証言を紹介しておこう。

「武のおっさんは、中野にいろいろと知恵を貸しとったんや。『(宅見襲撃は)吉野が勝手にやったことやろうから、とにかく軽々しく動くな』と言うてたね。

宅見さんの方は肝臓の病気もだいぶ悪かったたし、還暦で引退するつもりやったんや。(ヤクザを)やめるいう話は宅見さんよう言うてたもん、お茶飲んでる時に。そいでこんな話もしとったわ。

『わしは、金は全部貸してしまう。持って来い、と言った時だけ持って来させたらええんや。そしたら(貸した相手も)助かりよるやろ。集金は自分が言わんでも、入江(禎・宅見組若頭、当時)が全部してくれる』とね。もうなにも無理することはなかったんや。

それでも実際に引退を言い出した時には、執行部はびっくりしたんやな。宅見さんは渡辺さんとは口も利かない状態やったし、桑田が六代目になるいう話は、みな口には出さないけど当然の成り行きやと思ってたよ」

宅見の享年は六一だったが、射殺事件当時、すでに肝臓ガンで余命は半年ほどだったと言われている。宅見としては、渡辺を当代の座から追放することに最後の執念を燃やしていたのだろう。

山口組の密使

村上和彦が山口組の密使として中野会を訪ねたのは、平成一四（二〇〇二）年七月一五日のことだった。山口組から朝堂院大覚《ちょうどういんだいかく》という人物（後述）を通じて使者に立つよう依頼があり、山口組の意向を中野太郎に伝えたのである。

村上が山口組から預かった伝言は、

「中野会長の名誉を回復する用意がある。テーブルに着く意思があるか」という問いかけだった。

中野は大いに喜び、

「（山口組の代表が）こっちへ来てもらってもええし、こっちから（山口組へ）出向いてもかまわない」と村上に伝えた。

「これまでの訪問では、帰りがけに太郎さんが玄関先まで送ってくれてたんやけど、この日は機嫌が良くて門の外まで送ってくれた。正直、太郎さんは喜んでたんやろうね」（村上）

ところが、山口組の対応はここから前に進まなかった。村上は佐藤義徳と一一月中旬にヨーロッパ旅行へ出かけたが、山口組の結論が出たのは一一月後半である。村上がその結論を持って中野会を訪れたのは一一月二八日だった。

「山口組の答えは、太郎さんに対して『絶縁解除、即引退』ということやった。わしが内容を伝えると、太郎さんの顔色が変わったね。

『俺の聞いている情報とちがう。この話は聞かなかったことにするよって、先生も言わなかったことにしてくれないか』

太郎さんはわしにそう言って、この話は終わった訳や」（村上）

中野太郎の山口組復帰は関係者の間でしばらく取りざたされていたが、先の村上の証言によれば、着々と力を蓄えていた弘道会はその目なしと読み切っていたことになる。これは宅見亡き後、渡辺五代目の復権はないと見ていたことも意味し、早くも六代目取りの構想が弘道会にあったことをうかがわせる。

宅見射殺から四ヵ月後の一二月二六日、幻のクーデター計画で六代目に擬せられていた桑田兼吉が逮捕された。ボディーガードの拳銃所持で共謀共同正犯とされ、長期勾留の後、平成一七（二〇〇五）年に引退。二年後の平成一九（二〇〇七）年、大阪市内の病院で死去した。

村上は平成一五（二〇〇三）年三月、佐藤義徳の仲介によって名古屋で髙山清司（弘道会若頭、当時）と会食し、弘道会との関係を修復。その間、弘道会をモデルにした映像作品『実録・名古屋やくざ戦争　統一への道』（四部作）を製作している。また、山一抗争を題材とした映像作品のトラブルが縁になって村上が武と出会うのは、中野会問題の紛糾と時期が重なる平成一四（二〇〇二）年七月のことである（後述）。

五代目からの伝言

中野太郎に山口組復帰の目がなくなり、なおかつ中野会が解散を拒み続けたことにより、渡辺五代目周辺では武への期待感が高まっていた。どういうことかと言えば、渡辺を押さえつけていた宅見の死を好機とし、武の力を借りて中野会を解散させ、その成果をもとに渡辺の主権回復を図ったのである。つまり中野会解散、武の山口組復帰、渡辺の主権回復をワンセットで考える一派が存在したのである。この一派は渡辺五代目就任時、一和会の解散が決め手になったことを思い起こしたのかもしれない。同時に、絶縁した中野会が組織として存続していること自体、山口組には許しがたい問題だったことも確かである。

宅見射殺事件の翌平成一〇（一九九八）年、武のもとへ渡辺五代目の使者が訪れた。

「京都のAさんいうて渡辺の陰の相談役という人と、大阪のハンナンの関連会社のMさんいう人が会うてくれんか言うてきて、京都のグランドホテル（現・リーガロイヤルホテル京都）で会った訳や。その人らは、

『竹中さん、山口組に帰ってくれ。中野会を解散させてくれるのは竹中さんしかおれへんのや』と言う。

『それはあかん。あんたらみたいな堅気の人がやな、帰るの帰らないの、そんなことを決める権利はあらへん。五代目が頼むんやったら、中野問題でもわしは動くで。あんたらはわしと今日初めて会うてやな、わしのことなに知っとんのや』言うたのよ。

そしたら向こうは、こう聞く訳や。

『竹中組におった人（で山口組へ移った者）は（武が山口組に復帰する際に）みな（竹中組

に）戻したってくれる気持ちありますか』
『社長、よう聞けよ。もし仮にそういうことがあった場合には、わしと盃があったもんは別やが、上（の者）が（竹中組を）出たからしょうことなしに出た子で、戻りたい言うもんは拾うたろ思うてる』
そしたら二人は山口組をいいように変えたってくれ、いうようなことを言うさかい、わしもいろいろ言うた訳や。
『あんたら、変えたってくれ、変えたってくれ言うけど、五代目や五代目の姐さんが（意見を）聞くか聞かんかは別として、わしが（山口組に）帰ったら言いにくいことでも言うで。あんなブティック（渡辺夫人が経営する「トワイライト」）みたいなもんやめいて。
なんでか言うたら、（ブティックの商品を）まともに買っとるもんもおる。それが二万円の物を若い衆に三万円、四万円で押しつける親分もおる。それが五代目や五代目の姐さんの悪い人気になってもうとる。それを五代目のためやと思うて言うたらないかんから、わしは（山口組に）帰ったら言うで』と。
『（ブティックの経営を）さすんやったら他のもんにさせいと。井上（邦雄・山健組内健竜会会長、当時）やったら井上にさすとか。（五代目になる）前から（ブティックを）しよるんやったら、まだええけどな。しよることがまちごうてしもうとる』言うたんや」（武）
武は使者を通じて渡辺に苦言を呈した形だが、その一週間後、再度面談の申し入れがあった。面談場所は大阪にあるハンナン関連会社の事務所である。

「二回目の時になったら、こんなことを言う訳や。

『渡辺さんが言うには、（山口組では）竹中さんより下の者がみんな上になってしもうとるから竹中さんのポストがない。中野のことは渡辺さんが言うやろうから、竹中さんからは言わんとってくれ』

『関係あらへん。ポストがどうやとかこうやとか、帰るとか帰らんとか、わしがそんなこと頼んだんとちがうがな。あんたらが帰ったってほしいという欲だけであってな』。そう言うたわ」（武）

わずか一週間で使者は態度を変えた。これは苦言を呈された渡辺自身の変節なのか、あるいは武への接触を知った執行部が渡辺に圧力をかけたせいなのか、恐らくは後者だろう。すでに執行部は司忍を中心にポスト渡辺を意識していたはずだし、ここで武が渡辺に付けば話がややこしくなるだけなのだ。

一方、武は一回目の面談で「五代目が頼むんやったら」と条件付けした上で中野会問題解決の協力を申し出ており、さらに山口組に復帰した後の考え方まで伝えている。それ以上に、そもそも武が二回の面談を受け入れたことで、武の気持ちは山口組復帰に動いていたと見ていいだろう。

ただし中野会の処分を執行部が破門から絶縁へと押し切ったように、渡辺の影響力は低下する一方だった。そして力をつけた弘道会が六代目取りを構想していたのであれば、もはや渡辺の意向で武が復帰する目は薄かったと言わざるを得ない。

第九章

雪解け

誕生日を祝われ、笑みを浮かべる竹中武

四代目一七回忌

平成一三（二〇〇一）年一月二七日、木山修造は一二年ぶりに姫路の土を踏んだ。正久の一七回忌法要が執り行われると耳にしたからである。木山は竹中組が山口組から離脱した直後、山口組系組員を相手に傷害事件を起こし、長い逃亡生活を続けていた。

その日の午後、木山は姫路市深志野にある正久の墓へ行き、近くから様子をうかがっていた。すると山口組の執行部を始め、直系組長たちが続々と集まってきた。もちろん武、正の顔もあり、竹中組組員の懐かしい顔も見える。

四代目の一七回忌がなぜこのような賑わいになったのかと言えば、渡辺が定例会で組長たちに参列を呼びかけ、武も快く受け入れていたからである。山竹抗争が自然収束の形になり、武を警戒し続けていた宅見もいなくなった。そこで山口組は竹中組との関係修復に動いたのである。その意味では歴史的な和解と言っていい。

ただし木山によれば上機嫌の武に対し、山口組執行部の面々は大半が武と距離を置きたがる様子だったという。武に対する後ろめたさもあり、その存在感はいまだに重かったのだろう。数少ない例外は後藤忠政（後藤組組長）で、「よお兄弟、元気そうやなあ。わしは肝臓が悪うてなあ。体は大事にせえよ」と気軽に挨拶し、武との親密な関係を木山に印象づけている。なお、後藤は平成一九（二〇〇七）年にアメリカで肝臓移植手術を受けた。

武は総本部長・岸本才三に近づくと、なにやら難しい顔で話し始めていた。実はこの時、武は岸本に元竹中組組員の名簿を渡し、山一抗争で懲役に行った枝の者たちに功労金を出すよう要請していたのである。正久のために体を張った若い衆たちに、なんとか報いてやりたいという武の親心だった。岸本もその気持ちに応え、相応の金額を拠出したようだ。一六年ほどの懲役を務めて出所した元竹中組組員（後に二代目西岡組に移籍）は「武親分のおかげで二〇〇〇万もらいました」と後日、木山に知らせてきている。

木山が法要の様子をやや離れた場所から眺めていると、顔見知りの竹中組組員・野川浩平が木山を見つけて話しかけてきた。

「おっさん、久しぶりやのお。親父（武）が話したい言うとるぞ」

野川は武が岡山へ移住した時からの側近で長らく料理番も務めていた。

法要が終わると木山は武に招かれ、墓のすぐそばにある武の実姉の家で対面した。

「（木山の長期逃亡について）だいたい話は聞いとるが詳しくは知らん。どないしとんぞい」

「日本中ぶらぶらしてます。テキヤのまね事したり、知り合いのとこ頼ったり、いろんなことしてます」

「わしがおったら、そんな苦労はさせへんかったのに」

木山が事件を起こした時、武は賭博容疑で勾留中だった。武はその時の不在をまず詫びたのである。

「警察も人事異動で変わっとる。もう帰って来い」

「迷惑がかかるかもしれませんけど」

「わしが帰って来い言うたら帰って来い。なに警察にびびっとるんじゃい。わしがちゃんとしたるわい」

この一言で木山は長い逃亡生活に終止符を打ったのだが、武の言葉には根拠があった。竹中組は警察に極めて反抗的だったものの、地元警察署員との日常的な付き合いがなかった訳ではない。たとえば武が警察官に対して次のように話しかける場面を木山は目にしている。

「お前とこの娘は高校行ったらしいな。これ祝い金や」

このような場合、警察官も割り切ったもので、ありがたく頂戴するのが通例だったという。武は、警察権力への抵抗と地元警察官との付き合いは別物、と考えていたようである。

姫路事件実行犯の出所

無事に正久の一七回忌法要を終えて春を迎えると、竹中組は久々に賑わうことになった。

姫路事件（昭和五五［一九八〇］年）で長期服役していた幹部たちが出所して来たのである。メンバーは事件のリーダー役だった平尾光を始め、大西正一、高山一夫、山下道夫、山田一の五人（一部はこの時期以前に出所）だった。

みなが出そろうと、武は事務所に隣接するマンションの大広間で竹中組総会を開いた。この頃、竹中組の組員数は二〇人前後だったと思われるが、山口組を離脱して一二年、苦しみながらも一本独鈷（独立組織）を守り通してきた。姫路事件の功労者たちが復帰し、武も期するところがあったはずである。

総会には木山修造の姿もあった。木山は姫路事件以降に竹中組入りしたので出所者たちとの面識はない。また一二年の逃亡期間があるため組内の知り合いも少ない。そんな木山を武はみなに紹介した。

「修造、立てえ。知らん奴もおるやろが、（山口組が）分裂した時からずーっとおるんや。木山修造いう。明日からわしの若い衆として組長付きになれ」

この時、木山の後半生がほぼ決まった。

一方、復帰した面々の心境は穏やかだったとは言えまい。姫路事件当時、竹中組は昇竜の勢いだった。組長だった正久は田岡一雄の覚えめでたい山口組最高幹部であり、実行犯が長い懲役から帰還したあかつきには、山口組で相応の地位を得る資格があった。ところが正久はすでに亡く、跡目を継いだ武は山口組と敵対して復帰する気配もない。

ましてや姫路事件の服役メンバーたちには、塀の外にいた組員とは違う複雑さがある。獄中で正久の死を知り、さらに武の山口組離脱、その後の竹中組の衰勢を知ったのである。出所後の安泰を期待していたメンバーたちが心を千々に乱しても当然だろう。しかも山下を除くメンバーは正久が主導した姫路の竹中組に所属しており、岡山竹中組を率いていた武とは距離感があったに違いない。

もちろん武は最大限の報い方を考えていたことだろう。しかし主要な服役メンバーが山口組復帰を強く訴え、いきおい武に引退を促す方向へ話が進むと、亀裂は深くなっていった。ほどなく平尾光は山健組内健竜会の舎弟（初代竜正会会長）に、大西正一は健竜会へ移籍した後に二代目竜正会会長（五代目健竜会組織委員長）に、山田一は宅見組内杉本組組長に、山下道夫は竹中組に残留と、それぞれの道を選んだ。高山一夫は竹中組に残って若頭の座に就くが、その後半生は平穏なものではなかった。

住吉会の加藤英幸と交わる

平成一五（二〇〇三）年頃から武はたびたび東京へ出るようになった。竹中組のシノギを開拓する必要があり、若頭となった高山一夫も何度か同行させている。そのうち「三日、四日の東京滞在ではらちが明かん」ということになり、知人から借り受けた西新宿の一戸建てを木山の采配で事務所に改装する。武が上京し、さて動こうとした矢先に事件が起きた。岡山から電話で「事務所にガサ（家宅捜索）が入りました。親分、指名手配です」と知らせてきたのである。

事件の背景はやや入り組んでいる。かつて竹中組に在籍した枝の組員Aが山健組の舎弟Bに暴行されたと訴え、Bが逮捕されたことから話は始まる。Bの関係者から武に相談があり、武はAに暴行の詳細を確認した。するとAは「ウソの証言だった、暴行はなかった」と告白する。武は「ウソの証言でパクられた者のつらさはわからへんやろ。今度はほんまのことを証言せい」とAを諭し、Aは裁判で証言をひるがえした。その際Aは「ある親分にウソはあかんと言われました」と理由を述べる。裁判長が「その親分は誰だ」とたずね、Aが「竹中組の親分です」と答えたため、この事件を扱っていた大阪府警は武がAに不当な圧力をかけ、証言を変えさせたと思い込んだ。容疑は脅迫か偽証教唆ということになるのだろうが、ともあれ武はこの件で指名手配を受ける。

武は罪に問われる覚えなどなかったが、大阪府警のやり口は熟知している。必ずAを痛めつけ、思わぬ難くせをつけてくると確信していた。まずは居所を隠すため西新宿の事務所を引き払い、新宿歌舞伎町に近いマンションへ移る。武と常に同行していた木山も共犯と見なされたのか、指名手配がかかっていた。二人はその後一年間、マンションの一室で同居することになる。

怪我の功名と言うべきか、新宿という街が武に大きな出会いをもたらした。ある岡山市出身者の紹介で、住吉会傘下の加藤連合会長・加藤英幸（現・幸平一家総長）と知り合ったのである。これ以降、二人は終生の付き合いを続けることになった。また同時期に極東会の吉村光男・松山連合会顧問とも知り合っている。

「加藤さんと吉村さんは同じ歌舞伎町におって、おたがいに名前は知ってるけど、一回も会ったことはなかったんですわ。たまたま親分が加藤さんと会っていて、吉村さんの話が出たんです。『名前は知っているけど会ったことはない』と加藤さんが言うたもんで、『修造、吉村を呼べ』いうことになり、その場から電話ですわ。それで対面になったんやけど、親分は『二人は喧嘩せんといてくれよ。わしはどっちへも付かれんからな』言うてましたね」（木山）

武、加藤、吉村の信頼関係は短期間で強固なものになり、東京滞在中の武を大いに楽しませると同時に、身の安全まで保証させることになった。武は指名手配中にもかかわらず、木山を連れて歌舞伎町を平気で歩き回れたのである。

「やっぱり（武は）有名な人やったですからね、飲みに出てもすぐに見つかりました。吉村さんとこの幹部なんか、我々が飲んでると話を聞きつけてよく来てましたよ。『親分、大丈夫ですか。うちの若い衆を付けますよ』と言うてくれたし、東京へ来る度に吉村さんが車を出してくれました。加藤総長も『親分、言ってくれたらうちからも車出しますから』言うてくれて、東京では人気ありましたよ、同業者にね」（木山）

とはいえ、まだ山口組との対立関係が正式に解消された訳ではない。

「クラブで飲んでいたら、ある山口組直系組長が気づいて挨拶に来られたんですけど、『わしと会うたと言ったら、お前破門になるさかい向こうへ行け』言うて、親分はそういう気遣いもしてました」（木山）

もっとも、武が気を遣うのは身内に対してであって、自分に対しては無頓着だった。

「たいがい二人で出歩いていました。ぞろぞろ連れて歩くのは嫌いですから。

『親分、もっとガード付けた方がいいんじゃないですか』言うても、四代目と一緒ですね え。『わしの命、誰が取りに来るねん』いう感じでした。『取りに来る方が強いんですよ』言うても、『バーンと撃たれて殺されたら、それまでの運命やないか。わしにそれまでしか運命がなかったと思えばええやないか』。それで終《しま》いですわ」（木山）

武はこの時期、在京の親分たちと親しく交際したが、とりわけ加藤英幸の洗練された言動や振る舞いに感銘を受けていたという。以下、木山が聞いた武の加藤評である。

「『紳士やなあ。わしらあんなマネでけんわ。けど喧嘩したら強いで、あの人は』

親分は感心してましたけど、それはやっぱり関西と関東の違いもあると思いますね。関西はヤクザ丸出しじゃないですか。関東はやっぱり紳士ですわ。うちの親分もそう思うたんでしょう。ましてうち（竹中組）なんかイケイケドンドンの組やったから、おたがい武闘派同士という意識まではなくても、相通ずるところはたくさんあったと思います」

住吉会は稲川会などに比べ、山口組と一定の距離を置いている。そして加藤はかねてより住吉会随一の武闘派として定評がある。そのため山口組の東京進出が顕著になった八王子抗争（平成二［一九九〇］年）以降、加藤はますます注目された。加藤率いる加藤連合が山口組迎撃の先兵として期待されたのである。武は加藤に自分と同じ気骨を感じ取り、加藤も武に深く敬意を表していたようである。

ただし、人間としてのタイプの違いは誰の目にも明らかだった。そしてその違いが会話に絶妙なおかしさを生んだと倉田浩司は言う。

「加藤さんと一緒に会った時もそやで。武のおっさんが『お前な、倉田いう名前言うなよ。ビジネスのマイナスになるかもしれんからやな。山本言うとけ』。それで俺は『山本と申します』と加藤さんに挨拶した訳や。で、五分も経たんうちに『のお倉田、（山口組）本家でわしゃ、いろいろひっくり返したわのお、倉田。お前、見てたわのお。ほれ加藤、この通りや、倉田も言うとるやろ』。加藤さん、山本か倉田かようわからんようになって。（武は）漫画みたいなおっさんや。無茶苦茶おもろいで」

加藤も、東京ではなかなかお目にかかれないタイプの武と会話を楽しんだはずだが、こうした付き合いを通して加藤はますます武の人柄に惹かれていったようだと倉田は言う。

「加藤さんは自然に武のおっさんを『兄貴』と呼ぶようになっとった。いろいろと突っ込んだ相談もしたみたいや。ある時、おっさんはこんな話をしてた。『加藤が住吉（会）を出る言うとるんじゃ。わしは、絶対に出たらいかん、と止めたわ』言うて。おっさんは本気で加藤さんのことを心配してたんや」

平成二六（二〇一四）年になってからのことだが、住吉会会長の座が福田晴瞭《はれあき》（二代目会長）から関功（三代目会長）に引き継がれる際、西口茂男（住吉会総裁）―関功グループと、福田晴瞭―加藤英幸グループの対立があらわになり、加藤が幸平一家を率いて住吉会を脱会するのではないか、との観測が一部でなされた。

結果的に住吉会分裂はなかったが、かねてから幸平一家独立の噂はささやかれていた。西口総裁を中心にした古参グループと、加藤を中心にした若手グループの溝の深さが表面化し、同時に、加藤の幸平一家には独立組織として十分やっていけるだけの実力が備わっていると関係者は見ていたのである。

武が加藤の脱会を強く押しとどめた事実を考えると、「(山口組を）出とうて出た訳やない」という武の言葉があらためて思い出される。この時の加藤にとって、武がこの上ない相談相手であったことは間違いないが、世間の評価はどうあれ、武は加藤に自分が歩んできた辛苦の道をたどらせたくはなかったのである。

朝堂院大覚は語る

武と住吉会の縁はさらに別の話へと発展していく。
政財界や裏社会に幅広い人脈を持つ朝堂院大覚《ちょうどういんだいかく》（本名・松浦良右《りょうすけ》）という人物がいる。朝堂院は後藤田正晴（中曽根康弘内閣の官房長官）に資金援助したことが縁で各界に影響力を発揮し、「最後の黒幕」の異名を持つに至った。ヤクザとの関係も長く、古くは菅谷政雄（元山口組若頭補佐）と親交があり、武とは平成二（一九九〇）年頃から本格的な付き合いが始まっている。

朝堂院は山口組の東京進出を快く思っていなかった。したがって住吉会への期待は大きいものの、もう一歩踏み込んだ山口組対策を講じるべきだという持論があった。
「住吉会は山口組になめられている。だから山口組は東京へ来れば住吉会の縄張《しま》りで勝手に暴れ、必ず金にする。東京は山口組にとって天国だ。

昔はそうじゃなかったろう。堀井（兼吉・稲川会堀井一家総長）がおって、浜本（政吉・住吉会最高顧問）が赤坂におった。その時は菅谷（政雄）が来ても堀井や浜本に挨拶し、四谷の牧野（国泰・五代目松葉会会長）のところへも行き、それが東京での日課だった。山口組から見て一目置く人間がおったから東京で暴れる訳にはいかない。『俺の縄張りでなにさらす』と言えばそれまでだったのだ。

今はそれ（一目置かれること）がないじゃないか。東京で山口組をおとなしくさせる、または退かせる、その方法は住吉会の最高顧問、つまり総裁に竹中武を迎えることだ。これを福田晴瞭に提案した」（朝堂院）

この提案に福田が乗ったかどうかは不明だが、ともかく武、福田、朝堂院の三者は食事をともにした。

「俺が中に入って話を向けるんだけど、福田も西口（茂男・住吉会総裁）が上におることだし、いろいろ難しい立場だから『やろう』とはいかなかった」（朝堂院）

朝堂院は武の住吉会総裁に向けて本気で動いたが、話はまとまらなかった。武はこの件について「朝堂院は住吉（へ行け）と言うけど、兄貴が継いだ組（山口組）があるのにやな、そういう訳にいかんやろ」と語っている。

倉田浩司は、武と福田の関係を次のように語る。

「福田さんは武のおっさんに同情的やった。『お兄さん（正久）のところ（山口組）へ帰れ』言うとったんや。金の心配もしてくれてな、一〇〇〇万の札束を桐箱に入れて差し出してくれたんやけど、この時ばかりはおっさんもありがたく受け取ってたわ」

朝堂院は武に惚れ込み、シノギの面でも様々に援助し続けた。

「非常に純粋で、まったく計算高さがない。わんぱく親父みたいな愛すべき人物だった。天《てん》真爛漫《しんらんまん》というか、直球しか投げない。つまり変化球を投げられない男。ごまかして引っかけてやろうというところがないんですよ、彼は。非常に気分のいい人です」（朝堂院）

朝堂院は自分をワルと認めながらも、金に執着する山口組の面々にうんざりさせられてきたという。その朝堂院にとって武は異世界の人間だったようだ。さらにもう一点、武を買った理由は、ヤクザとして本物の武闘派だったからだという。

「武闘派というのは、やはり体を張るんですよ。菅谷政雄も、中野太郎も、竹中武も武闘派。そういう意味で言えば、現役で日本一の武闘派は浪川（政浩・浪川会会長）だけど」（朝堂院）

浪川政浩も、武と深い付き合いをした一人である。浪川は、戦闘力、資金力、智謀、ともに優れ、今後のヤクザ界でキーマンの一人と見なされている。また、神戸山口組・井上邦雄組長との兄弟盃は広く知られている。朝堂院によれば武は浪川を大いに買い、顔を合わせれば朝までも飲み明かす仲だったという。

後に武は、浪川が当事者となった九州北部抗争（道仁会—九州誠道会抗争）の仲裁も依頼された。この抗争では浪川率いる九州誠道会が道仁会を割って出た形になっている。その動きだけ見れば、山口組に対する一和会と同様だと言える。仲裁の内容を武に聞いた伊崎哲也によれば、武は一和会を例に出し、浪川から先に道仁会を訪ねるよう勧めたという。

溝口敦が、浪川の武評を語る。

「『要するに（武は）優れた人なんだ。私心のない行動力というのは高く買うべきだ。自分もあの人を嫌いじゃない。だけどあの人の言う通りにすることができないんだよ』。そういう意味のことを浪川は僕に言ったことがある」

この言葉が抗争の仲裁に関したものかどうかは不明である。恐らく浪川は武を人間的に信頼していただろうが、ヤクザの論理、生き方については違いがあったのかもしれない。

結局、武の仲裁は実らず、九州誠道会は平成二五（二〇一三）年に解散を宣言。浪川睦《むつみ》会を経て、現在の浪川会に続いている。


前記した武の指名手配の顚末を記しておこう。

武が大阪府警に出頭したのは、新宿で身を隠してから一年後のことである。まず事情を知った極東会の吉村光男が、武の容疑について警視庁に問い合わせた。すると警視庁幹部は「こんな容疑はあり得ない。大阪府警はどんな容疑でも作り出すから」と返答し、すぐさま大阪府警に連絡を入れた。「竹中武を出頭させるから一週間で返すように」という申し入れである。この話ができあがった後で、武は大阪府警へ出頭した。木山修造がその前後の様子を語る。

「吉村さんが話をつけてくれたんですけど、今の時代じゃ考えられない。警視庁のお墨付きで大阪府警に出頭したんですからね」

大阪府警も後始末に困っていたのだろう。約束通り武は一週間で釈放された。でたらめな容疑をかけられて本来なら猛抗議する場面だが、武は余裕しゃくしゃくだった。

「（留置場の）風呂もわしが一番風呂じゃ。ごっつい蛇口の風呂やぞ」

こんな話を武に聞かされて、木山はあきれるばかりだった。

「『なんや、なにしに（大阪府警へ）行ったんや』いう話ですよ」

こうして武は、吉村の尽力で再び自由を得た。

関東連合との接点

肝心のシノギはどうなっていたのか。木山修造が語る。

「東京へ来てから一年ちょっとして、親分が岡山へ帰ってからも自分は用事をするために東京におりました。銀座七丁目のビルや、歌舞伎町のプリンスホテルの前にあるビルを地上げにかかったこともあるんです。そういう不動産関係の仕事がある時に親分は関東連合のHを連れて行った訳です。Hは大学出で頭いいですから、親分も『わしらではチンプンカンプンやから』言うてね。Hとは、親分がちょこちょこ東京へ来ていた当初から、ある人の紹介で知り合ってます。Hは一時、企業上の若い衆という感じやったんです。Hが揉め事を起こした時は、『相手がなんか言うたら、わしの企業上の若い衆や言うとけ』と親分がよう言うてましたわ。

東京からシノギについての情報があると、親分がHに電話して『ちょっと調べてくれへんか』いうような話はようありました。まあいろんなことやりましたけど、どれも実ってないですけどね。

自分が今回（平成二七［二〇一五］年）、東京へ来てからそういう子たち（関東連合のメンバー）に聞いた話では、親分が入院（後述）せんとあのまま元気やったら、関東連合のHグループは竹中組の盃をもらうという話まで出ていたらしいです。ところが親分があないにして入院してしまったので話が流れた。これは今回こっちへ来て初めて知った話です」

関東連合はいわゆる「半グレ」集団だが、基本的にヤクザとは一定の距離を置くスタンスだと言われる。必要に応じてヤクザと接触はするものの、自ら代紋や肩書を欲しがることはなく、タテ社会の束縛を嫌うのだ。Hが武との盃を望んだとすれば極めて異例な事態だろう。

しかし振り返ってみれば、武も代紋や肩書に頼るヤクザではなかった。また、遠慮なく目上の者に嚙みつくことも平気でしてきた。筋の通し方、ケジメの付け方にしても理に適っており、タテ社会特有の「黒いカラスを白」と言いくるめるような理不尽さとは無縁だった。そうした意味で捉えれば、Hが半グレにもかかわらず武との盃を望んだことも腑に落ちる。そしてなにより、Hは武の人柄を愛し、信頼し、心のよりどころと感じていたのだろう。武には、年代や立場を超えて人を惹きつけるだけの魅力が、確かにあったのである。

倉田浩司は、この盃の件をこう語った。

「そりゃあ（関東連合のHが武との盃を望んだのは）異例中の異例やろ。武のおっさんだからやで」

資金繰りのキーマン

すでに触れてきたが、「ヤクザが金儲けしたらあかん」が武の信条であった。バブル期に入ってヤクザが地上げで奔走するようになると、「ヤクザやめとけ。宅建（の資格）でも取って不動産屋せい」（倉田）と言い捨てるような徹底ぶりだった。しかし山口組離脱以降、竹中組では会費を一切取らず、活動資金はすべて武が個人出資している。シノギの中心だった野球賭博もできず、さすがに金が詰まってきた。竹中組を維持するため、なにはともあれ稼ぐ必要に迫られたのだ。ただし、そうは言っても博打以外は素人だから、なかなかうまい話にはありつけない。若き日から竹中兄弟を知り、竹中組の内情に詳しい倉田浩司が、その経済事情を語った。

「四代目の頃から（竹中組には）スポンサーがいたことはいたんや。金融会社やとか、畜産関係の会社やとか、よう金を持ってきよった。けど武のおっさんは受け取らん。『いらん、いらん』言うて。それでも相手が無理に金を置いていったら、ようやく『しゃあないな』言うて、手元に置いておくぐらいのことやった。

だから金に困っても頭下げるのが大嫌いで、『金貸してくれ』とはよう言わん。それで俺に来る訳や。もう無茶苦茶言いよるもん。朝からでも電話してきて言うねん。

『べっちょ（別状）ないか。ところでお前なんぼあんねん』

『なんぼあんねんて、朝からなにを言うてんのや。なんぼいるねん』

『（博打で）負けたから振り込んでくれ』

そんな話やもん。他にもいろいろあるで。

『また（確定）申告せなあかんさかい、宅急便で二〇〇万送れ』

『宅急便で二〇〇万送るんかい。大丈夫かいな』

『届くやろ』

昔は新幹線レールゴーいうて、小包で東京駅の八重洲口から運んでくれとったんや。包みに二〇〇万入れて、表に電子部品て書いて、受取人ちゃんと書いて、差出人の免許証のコピー貼って、新大阪止まりで送るんや。まだ岡山まで（新幹線は）行かへんかったからね。それで小包を新大阪へ取りに行かす。俺はそれを何回やったか」

つまり武は、倉田にだけは金に関して言いたい放題で甘えられたのである。

「電話しなかったら怒る怒る。メールとかそんなやり方知らんからね。こっちが仕事してても、一時間、二時間電話かけんかったら、もうご機嫌悪い。

『お前、もうわしとしゃべりとうないんやな。こんなことなら絶交する』

武のおっさん、絶交という言葉使いよる。

『仕事でバタバタしとってな』

『おい、ちょっと三億ほど貸せ。戦争したる』

『もうそんなこと言わんときいな』

一年のうち三〇〇日は朝から晩まで電話や。朝は必ず『起きろ』。夜は一〇時頃かかってくる。

『おい、後藤（忠政）が若頭補佐《かしらほさ》になったで』

『俺、そんな話聞いてもしゃあないやんか』言うて」

武と倉田の関係が尋常なものでないことは明らかである。果たして二人の結びつきにはどんな背景があったのか。繰り返しの問いかけにも倉田は多くを語らない。

「いや、つなぎやったんや。俺が仕事関係でいろいろ（パイプが）あるから。付き合いが広いの知っとるからね。そなら（各界の関係者と）セッティングすることもできるやん」

倉田はこう説明するにとどまったが、武にとってかけがえのない人物だったことは間違いない。なぜなら武は重要な場面に、必ずと言っていいほど倉田を立ち会わせているのである。たとえば司忍との対面、髙山清司との対面しかりである。その場面は追い追い触れるとして、シノギ関係のエピソードをもう一つ紹介しておこう。

「ある大手製菓会社が、手形の問題でヤクザに追い込みかけられてな、俺の紹介で武のおっさんが乗り出したんや。その時だけは気ィ遣うてアルマーニのスーツ着とったわ。足元見たらサンダル履きやったけどな。
その会社の会長に会うたら『竹中です』って、おっさんはていねいに頭下げとった。そういう時は『御守り代わりに』言うて名刺を差し出すんやけど、相手の会長は竹中組も山口組もよう知らんような人でね、不思議そうな顔しとった。まあ、それでも話を聞いて、『三日で（追い込みを）止めます』とおっさんは言いおった。見返りはビルの新築工事を竹中組に請け負わすいうことやったね。でかい話やねん。ところが、その会長が途中で亡くならはってね。この話はそれまでや。
シノギはいろいろ手ェ出しよったけど、変な手形つかまされて『金戻せ（払ってくれ）』言うてきたり、金儲けのセンスはなかったわな。そやけど、おっさんのとこにはいろんな話が来てたんやで。なぜか言うたら、たとえば山健（組）に揉め事の仲裁を相談したら、すぐ金の話やろ。しかも相談相手を事務所に呼びつける訳や。おっさんの場合は自分から電話して相手のとこへ行くし、金の話なんかせえへん。そやから話はたくさん来るけど、やっぱり金にはならんのやけどな」（倉田）
ならば、武はどうやってシノいでいたのだろうか。結局、困った時に頼る先は倉田だったようである。

「よそにはよう言わへん。だけど（出した金は）行きっ放しは行きっ放しやねん。戻ってきいへん。

ある竹中組組員が、岡山で生コンの協会を作るいう話があって、そのために金がいる時があったんや。武のおっさんが、『三〇〇〇万いるから、お前、金引っ張ってくれ』言うんで、俺の日暮里《にっぽり》（東京都荒川区）の友達のパチンコ屋に金を引っ張りに行った。そんで、（一緒に行った）武のおっさんが、（借用書に）竹中武て書きよった。相手も、『こんな（有名な）親分が来た』言うて喜んで、一緒に写真撮りたいさかいに三〇〇〇万貸してしもうたんや。でも返さへんねん。俺、返すのに三年かかった。

そんな状態やのに、武のおっさんが揉め事を止めてやって、相手が五〇〇〇万持ってきたら、『いらん。持って帰れ』言いよる。おっさんが動いた経費は俺が持つんやで。

もっとひどい話もあってな。武のおっさんが博打で八億負けたことがあるんや。おっさんは『自殺する。死ぬ』言いよってな。俺が二億用意したんや」（倉田）

にわかには信じ難いような話が飛び出してくるが、倉田に語らせれば、借金地獄もまるで喜劇の様相になる。とはいえ、仮に倉田の立場になりかわれば、それこそたまったものではないだろう。それではなぜ、倉田は武に愛想を尽かさなかったのか。第三者には語れない利害関係もあったのだろうが、どう考えても倉田は武の人柄に魅了されてしまったとしか思えない。月並みな言い方だが、武と共有した時間は倉田にとって金には替えようがないほど貴重な宝となっているはずだ。そして武も心の底から倉田に感謝し、大切な存在と考えていたに違いない。だからこそ武が死んだ今でも、普通なら思い出したくもない修羅場を楽し気に語れるのだろう。

人たらしとは、特別なテクニックの持ち主ではなく、そばにいたいと思わせる人物を指すのであれば、武は極め付きの人たらしだった。

北朝鮮拉致被害者を救え

ところで倉田によれば、この時期の武は国家機密に関わるような役割を果たしていたのだという。北朝鮮拉致被害者の帰国に尽力していたというのである。その証言内容は、以下のようなものである。

「ある岡山県議会議員に拉致被害者の話を聞かされて、武のおっさんが動き出したんや。『人助けせなあかん』いうことよ。

それで、おっさんは堀政《ほりまさ》（堀田政司・山口組系小西一家内初代堀政連合会会長）のパイプを使うて、朝鮮総連のホ・ジョンマン（許宗萬）に何度も会うとるねん。日本の政治家で会うたんは、ＹＫＫの山崎拓（自民党幹事長、当時）と加藤紘一（元内閣官房長官）やね。赤坂の自転車会館にも頻繁に行っとるんや」

　ホ・ジョンマンは当時、朝鮮総連のナンバーツー（後に朝鮮総連議長）だったが、実質的に最高指導者だったと言っていい。また、倉田の発言にある「自転車会館」（日本自転車会館、東京都港区赤坂）には、加藤紘一が所属する宏池会の事務所が置かれていた。

「おっさんは『北朝鮮から入ってくる覚醒剤と、スーパーノートいうニセ札を止めないかん』言うとった。『覚醒剤は国を滅ぼす』言うてたし、『ヤクザのシノギの五〇パーセントは覚醒剤やから、止めたら山口組も困るやろ』言うて嬉しがっとった。

　とにかく、おっさんは長いこと一生懸命に動き回って、ホ・ジョンマンに話をつけた。『横田めぐみは生きている』言うとったしな。それで小泉（純一郎・首相、当時）が北朝鮮へ行くことになるんやけど、拉致被害者を帰させたら二〇〇億の経済援助するいうことが条件やったらしい。結局、その条件は守られなかったんやけど、そのせいかどうか、八人帰国するはずが五人しか帰って来んかった。だから、おっさんは後でえらく怒った訳や。『ヤクザが約束守っとるのに、政治家が約束守らんでどないするんじゃ』言うて、山崎拓と加藤紘一に詰め寄ったらしい」

　小泉純一郎首相は平成一四（二〇〇二）年九月一七日に北朝鮮を訪問し、金正日（国防委員会委員長）と会談した。その後の交渉を経て、同年一〇月一五日に五人の拉致被害者が帰国している。これは一時帰国という名目だったが、拉致被害者家族会の要請で日本政府は五人を北朝鮮に帰さず、以降、日朝会談は中断した。

　武が拉致被害者の帰国で動いたことはどうやら間違いなさそうだが、珍しく倉田にも詳細は語っていない。倉田が武の保有する関連書類を見ようとしたところ、武は「極秘や」と言ってしまい込んだという。武も自分の活動を大っぴらにする気はなかったのだろう。

　木山修造は次のように証言する。

「親分は北朝鮮側に『拉致されてる人がおるやろ。その人らを帰せ』言うとったんですよ。小泉が北朝鮮へ行った時に、自分ら岡山で親分と一緒にテレビで見てました。親分は、『のお修造、八人帰って来るがやのお。わしが言うとるから』と、最初からそう言うてましたよ。ところがふたを開けたら五人やったんです。親分は、『変やのお、八人帰って来るはずやがのお』と言ったきりで、残りの三人がどうなったんかはわかりません。

　ヤクザの親分が（外交の）下準備をしたいうことになると、これは記事にできるかどうかわからないですけどね。うちの親分は凄い民間外交をやっとる訳なんです」

　拉致被害者の帰国に関して、たとえ武の貢献が限られたものだったとしても、「人助けせなあかん」という純粋な気持ちで尽力したことは間違いない。

　伊崎哲也によれば、武の死後、警視庁の幹部が正を通して墓参りに訪れ、「親分には、我々ではできないことをしていただいた」と丁重に礼を述べている。想像を広げれば、これは拉致被害者帰国の貢献に対する謝辞ではないか、と考えることもできるのである。

第二〇章

中野会と弘道会

弘道会出身の六代目山口組・司忍組長

実録映画にクレーム

武は正久の記録を残すことに熱心だった。思うように敵討ちが果たせず、正久へのせめてもの供養と考えていたのかもしれない。

溝口敦が正久の生涯を描いた『荒らぶる獅子　山口組四代目竹中正久の生涯』では取材に全面協力し、その文庫版『山口組四代目　荒らぶる獅子』に次のような解説文を寄稿している。

「誰でも恥ずかしい時代、苦しい時代をくぐり抜けている。それを忘れて、いいこと、ウソばかり書いている本には値打ちがない」

武は生存中のヤクザがおおむね美化されて描かれることを知っていた。そうした記述を嫌ってもいた。ヤクザを題材とするノンフィクションの場合、書く側と取材される側の姿勢が自然に一致することは例外的で、溝口と武の場合は極めて幸運な出会いだったと言える。溝口は取材者として武をどう見ていたのか。

「彼は物惜しみしないというか、これは秘密にしておいた方が花なのよ、なんていう考え方は一切抜きの人。要するに、あからさまな真実こそ貴重なんだ、という考え方が一貫していたのではないか」

武は、溝口の作品を原作としたオリジナルビデオ『実録・竹中正久の生涯　荒らぶる獅子』（監修・竹中正）にも力を入れ、自らモノローグの語り手を務めている。

先に登場した村上和彦は、武にやや先んじて山一抗争を描いたオリジナルビデオ『実録・史上最大の抗争』を製作していた。撮影が終わり、試写版のビデオを関係者に送り終えた頃、旧知の朝堂院大覚が村上に連絡をよこした。「竹中武がビデオに対して怒っている」というのである。

村上にしてみれば「突っ込まれる理由は考えられなかった」のだが、まずは武に会おうと決めた。村上は自分でアポ取りを済ませると、平成一四年（二〇〇二）七月一〇日に単身で岡山へ向かい、竹中組事務所で武と対面した。そして重い雰囲気のなかでこう切り出した。

「ビデオでなにかまずいところがあったら、お詫びせないかんと思って寄せてもろうたんやけど」

武は即座に言葉を返し、二人のやり取りが始まる。

「そらあんたな、うちは今、溝口先生の『荒らぶる獅子』を撮影中なんや。それでも兄貴が撃たれたシーンなんか映させとらん。それがあんたの映画じゃ兄貴が病院にかつぎこまれて、救命装置まで付けられとるシーンがあるやないか。そんなもん、遺族が見たらどない思うんじゃ」

ここで武が言わんとするところを説明しておこう。『荒らぶる獅子』のラストシーンで正久（映画では仮名）は襲撃部隊に襲われ、被弾して右手人差し指を飛ばされながらも、なお敵につかみかかろうとしている。そしてこのシーンで映像は切れる。一方、『史上最大の抗争』では腹を撃たれた正久がうずくまり、搬送された病院の集中治療室で救命装置を取り付けられた姿が映し出される。武はその姿を見て「兄貴、悔しかったやろな」とつぶやくのである。武が問題にしたのはこのシーンだが、しかし村上にも言い分はあった。

「失礼やけど、わしは今まで秘密にされてきたことを暴露した訳やないんです。新聞、情報誌ですでに報道されている情報を集めて、いかに正確に伝えるかを考えとる訳です。

わしは任俠専門でビデオを十数年やってきとります。これをシノギにしているにしても、やはり任俠が好きだからやっているんで、事実を一〇〇パーセント伝える能力はなくても、事実はこうであったろうという気持ちを大事にして、作品を残したいと思ってやってるんです。

だから遺族がどう思うか考えたこともないし、遺族のために作ってる訳でもない。これは怒られるかもしれないけど、作る側のスタンスとして理解してほしい」

すると武は方向を変えてこうたずねた。

「山口組の許可は取ってるんかい」

「オリジナルビデオで三〇〇〇万から五〇〇〇万の製作費だから、特別にどこかの組の了承を前提に描く場合はそういう（許可料を払う）取材の仕方をするけど、実録シリーズで客観的に描く分については、わしは許可なんかもらったこともないし、そんなことをする余裕もない。

それに許可をもらうとなれば、A組とB組があったとして、A組の許可を取ればB組の許可も取らないかん話になる。わしは善悪を描いているつもりはないし、任侠ものに関してはそれぞれの生き方を相対させていて、どちらが正しいとか正しくないとか、そういう描き方はしていない。

救命装置を付けた四代目のベッドのそばで『兄貴、悔しかったやろな』と（武が）本当に言ったかどうかわからんですけど、でも（正久の）敵討ちをするというんだから心情的にはそういうことでしょう。あの言葉があるから、親分が山口組を割って出る気持ちが見る人に具体的に伝わる。あの場面がなかったらインパクトは弱いと思うんですよ。だからわしとしては病院のあの場面を見た訳じゃないしウソかもわからんけど、親分の心理描写として絶対に必要だと思うたんですよ」

村上は言うだけのことを言って武の答えを待った。

「唸っとったなあ、武さんは。とにかく考え込んだ。腕組んでねえ、『うーん』て言うてたわ。実際には一分か二分の話やろうけど、わしには五分くらいに感じたねえ」（村上）

武はしばらく考えて村上に聞いた。

「わかった。それであんたはどうしたいんだ」

「わしはなんもクレームを付けられるような失礼なことをしてないんだから、このままやらせてほしいんですよ」

「そうか、わかった。あんたの好きにしなはれ」

これで一件落着だった。村上は当時の緊迫したやり取りをこう振り返る。

「『遺族のために作った訳じゃない』と言うたのは、『なにコラーッ』と怒鳴られるかもしれないのを承知で言うたのよ。『眠たいこと言うたらあかんぞ』とかね。でもあの人の偉さというのは、そういう言い方をしなかったことだね。それは偉いと思うよ。『勝手に作りやがって、何様のつもりじゃい』と本音では言いたかったのかもしれないけど、それじゃ筋道が通らんからね。だから遺族の気持ちを前面に出してきた部分もあると思う。もちろん身内としての心情もあったろうけどね。だけどこっちも描く側として間違ってないという気持ちがあったからね。わしの言い分を聞いて武さんは『そうか』と受け入れてくれて、それを通してくれたんやから、やっぱり偉いと思うよ。

普通ならどっかで妥協点を見つけるじゃない、こういう話というのは。相手の器量と財力次第でね」

　およそヤクザ映画にはクレームが付き物である。そこを事前にどう回避するかが、製作者の腕の見せ所と言ってもいい。ヤクザは掛け合い（交渉）で相手のちょっとした失言につけ込み、そこを突破口にして追い込んでいく場合が多い。つまり掛け合い上手なヤクザとは、暴力性を備えた揚げ足取りのプロなのである。そしていったんクレームが付けば、最後はだいたい金の交渉になる。しかし村上は正攻法の筋論で押し、武は論点をずらさずに村上の意見を受け止めた。さらに村上が続ける。

「わしの場合、仕事の関係で親分衆は比較的みな大事にしてくれる。まして取材で会う人はね。だから逆に人間の本質はわからないことがある。だけど武さんとはトラブって、そこが始まりだからね。凄さというのはその時に感じとる。さすがに一本（独立組織）でやってきたのは、この根性があるからだと思うた」

　村上が感じた武の凄さとは、相手の道理を認めれば潔《いさぎよ》く自分が引く度量を指す。ヤクザを知り尽くしている村上にとって、このような対応はむしろ驚きだったのである。

嫌われる理由

　村上が続ける。

「だけど他のヤクザは（武のことを）だいたいボロクソに言うな。弘道会はまったくボロクソ。『先生もあんなキチガイと付き合ったらあきまへんで』と言われるんだよ。両極端だね、あの人の評価というのは。山口組自体、（武を）褒めることができない立場にあるやん。武さんは組織を出た訳やから。東京では評判がいいらしいけどね。

好き嫌いの問題だったら、どちらかと言えば嫌がられる方やろね、武さんは。あれだけズバズバ物を言うたらね。四代目だって襲名した時は直参が（祝儀で）銭持って来たらしいよ。それぞれ二〇〇〇万とか三〇〇〇万とか。そんな時に（正久は）『わしのとこへ来るのに銭がいるんか。持って帰れ』言うたらしいよ。やっぱり（武と）同じような気質だろうね。（筋は通っているけど）言い含めるというのがなくて、断定的に言うこと聞かすタイプやからね。『正義は我にあり』やろね」

山口組の中でも、武がとりわけ弘道会に評判が悪いのは、理由がない訳でもないだろう。すでに知れ渡った事実だが、後に六代目山口組若頭・髙山清司（二代目弘道会会長）が武に実質的な引退勧告をした際、体よく突っぱねられたいきさつがある。この一件だけでも弘道会に嫌われる十分な理由になる。ただし、武と司忍（初代弘道会会長）はむしろ固い信頼関係にあった。倉田浩司は二人の間柄を次のように証言する。

「武のおっさんは、司さんのことを買っていた。六代目になる前から『司だったらやりおる。（山一抗争では）兄貴のためによう行ってくれた』と言うてたね。もともと（山口組の）執行部で二人は仲ええやんか。向こうもイケイケドンドンやし。四代目は（直系に）上げるのが好きやったから、一番に（司を）上げたって、しかも弘道会の名付け親は四代目やで」

司忍は昭和四一（一九六六）年、弘田組の若頭に就任後、愛知の地元勢力と激しい抗争を繰り広げ、自らは一三年の長期刑に服している。山口組分裂の際には、一和会に走りかけた弘田武志組長を引退させ、弘田組を弘道会と改称して引き継いだ。弘道会の名付け親が正久だったことはあまり知られていない。

その後、弘道会は山一抗争で大きな戦果を挙げ、続いて「戦国」と言われた名古屋をほぼ統一。司は五代目体制発足と同時に若頭補佐に上がった。弘道会は精強を誇る戦闘力に、好況の名古屋を地盤とする豊富な資金力を兼ね備え、たちまち山口組の中で山健組に次ぐ大勢力となった。

しかし宅見若頭射殺事件後、司はボディーガードの拳銃所持で銃刀法違反（共同所持）容疑に問われた。そのため平成一〇（一九九八）年六月に逮捕、翌月に起訴される。翌年七月には一〇億円の保証金を積んで保釈されたものの、一審で得た無罪判決は平成一六（二〇〇四）年二月の二審で有罪判決に逆転。司は再度一〇億円の保証金を積んで即日保釈されると、最高裁に上告した。

山口組本家に乗り込む

この間、武は一度だけ山口組本家に乗り込んでいる。竹中組が山口組を離脱して以来初のことだが、これは武が怒り心頭に発した上での行動である。時間をさかのぼって、いきさつを追うことにしよう。以下、倉田浩司の解説である。

「（正久が）四代目を襲名した時に、田岡三代目の家を建て直して、新しく山口組本家を作ろうとしてたんや。北陸地方に四代目のスポンサーがいて、襲名の祝儀で三億プレゼントしてくれた。四代目の本音としては、満さん（田岡満＝田岡一雄の長男）にまとまった金を渡したい、という気持ちもあったんやな。その三億で田岡邸を買い取る形にして、本家を新築した訳や。その時、四代目は満さんの顔を潰さんように、それはていねいに頭を下げて、田岡邸を譲ってくれるようにお願いしたんやで。武のおっさんはそのいきさつを知っていて、『兄貴は偉い』と感心してた。

そやけど新本家の上棟式があった日に、四代目は一和（会）に殺されてまうやろ。その後、おっさん（武）は山口組を出てもうて、本家には（渡辺）五代目が入る訳や。

だから武のおっさんは、『渡辺は四代目から家をもろうたんやから、（竹中組に）礼をするのがあたりまえや』という言い分やった。だけど正はその考えに反対で、『山口組には姐さん（中山きよみ＝正久の内妻）が良うしてもろうとるんやから、そんなことにこだわらんでええ』言うとった。実際、姐さんには山口組から月々金が送られとったからな。それでこの問題は、ずっとくすぶってたんや」

竹中正久が山口組四代目を襲名したのは昭和五九（一九八四）年六月のことである。田岡一雄は昭和五六（一九八一）年七月に死去しており、正久は田岡家の残された家族に配慮した訳である。

新本家の上棟式があった昭和六〇（一九八五）年一月二六日、正久が一和会のヒットマンに襲われて死去。山一抗争を経て、平成元（一九八九）年四月に渡辺芳則が山口組五代目を襲名し、竹中組は山口組を離脱する。その直後から山口組と竹中組は長らく抗争状態に入っており、武が本家の権利問題で山口組に抗議をするのは平成一七（二〇〇五）年に入ってからになる。その際の山口組の対応が武を怒らせた。

倉田の話を続ける。

「武のおっさんが怒ったんは、岸本（才三・総本部長、当時）と中西（一男・最高顧問、当時）が、御着のお姉さん（武の実姉）に（解決金として）五億渡したと言い張ったからや。その頃、お姉さんは脳梗塞で倒れていて話もできん。それをいいことに『本家の問題は解決済み』いうことにしたかったんやろ。でもいくらお姉さんが倒れていたといっても、ちょっと確かめたらそんなウソはばれる。

そのうち山之内（幸夫・元山口組顧問弁護士）から、書類がファックスで送られてきた。どんな計算か知らんけど、本家の建設費用が六八〇〇万だったという内容やねん。『本家の建設費用は山口組が負担しとるんやから、竹中組だけに権利がある訳やない』いうことやろ。おっさんは納得せえへんがな。『それやったら、逆にこっち（竹中組）から六八〇〇万、山口組に返したる。そしたら本家は土地も建物も竹中組のものやから、山口組には本家を使わさへん。本家から追い出したる』言うてね。だけど結局、この問題は解決しなかった。金も返ってこなかったんや」

元山口組顧問弁護士・山之内幸夫によれば、やや事情が異なる。武は、五代目襲名時に行われるべき祝儀の分配も問題にしていたという。

「武さんが言うには、『代を継いだ者は、集まった祝儀の半分を先代に届けなあかん。そういう慣行があるのに、なに一つ五代目（渡辺）はしよらん』と。加えて『今の本家には兄貴も金を出しとるんぞ』という訳ですな。『それなのに五代目は（本家に）住んどって知らん顔してる。そんなことではいかんやないかい』とクレームを付けてきたんです。

その時に受けて立ったのが岸本さんと、野上（哲男・副本部長、当時）さんなんですけど、『武は除籍した人間だから直接交渉に乗るのはうまくない。まずは先生が武の話を聞いたってくれ』と、こうなったんですよ。それで僕は、岡山には三回ぐらい行ってますわ。

五代目の祝儀は当時なんぼ集まったって言うてたかな、金額はともかく、武さんの要請は『その半分を持って来い』という、簡単に言えばそんな話ですよ。でも（五代目襲名から）

ずいぶん時間が経ってのことなんでね、『何億円か寄こせ』と、本気でそんなこと思ってたのかようわからんのですわ。

岡山での話は一方通行でね。武さんは山口組の不義理について、口角泡を飛ばさんばかりにまくしたてるんですよ。（五代目襲名時の）守り刀の持って行き方だとか、（四代目の）位牌を突き返された話だとか。ものすごい大きな声でね、もう機関銃ですわ。山口組に対する思いを全部僕にぶちまける訳ですよ。でも僕が来たことを嫌がっていた訳ではなくて、自分の話が岸本さんたちにちゃんと伝わることを期待する感じはありました。武さんは山口組内部の情報に驚くほど詳しかったし、山口組に対する愛着がすごくあったように思う。岸本さんも本当はこの問題を機に、武さんを山口組に呼び戻したがっていたんですよ。でも、お金の話はまとまりませんでした。

二回目に岡山へ行った時に膠着《こうちゃく》状態になっちゃって、武さんが僕に言ったんです。『先生に言ってあかんのなら、（山口組執行部に）直接しゃべるわ』と。

それで僕の方も、『（山口組サイドを）説得して場を作ります』ということにしました。

岸本さんと野上さんが『ほんなら武に会いますわ』となって、武さんが山口組本家に来る日取りを決めたんですけど、『本家に入る時はこっちの入り口から入ってくれ』とか、『車はこうして入ってくれ』とか、結構細かいこと言うんですよ、岸本さんも。トラブルになると困るから。

そうやって段取りをつけて実際に三人が会《お》うて、また喧嘩になってしまうんですけどね。武さんの方から口汚くののしる場面があったみたい。野上さんが『おい武、お前は喧嘩売りに来よるんかい』言うたら、武さんは『いつでも来たるぞコラ』と返したらしいですわ」

最後の伝言

武の方は、この本家訪問をこう振り返っている。

「(野上は)『わしが(喧嘩を)受けたら、(武も)受けて立つんかい』と抜かしやがる。『わしは受けて立ってるやないか、今でも。どこに(誰に)そんなこと言っとんぞ。よおそんなこと言えるのお。

それやったらわしが言うたらあ。宅見が殺《や》られた時、お前ら岸本と二人で(同じ場所に)おったんやろがい。雁首《がんくび》そろえておったんやろがい。なにを抜かしやがるんじゃい。人のこと受けて立つか立たへんかて、そんなこと言う前に、中野のとこに石ころの一個でもぶつけたらんかい』言うて。

頭に来てもうて、もうこれ以上おったら喧嘩になるからやな、『もう帰るわい』言うて、マスカット一個ずつ(土産に)持って行っとったけど、(岸本と野上には)渡さへんかった。(本家にいた)若い衆にそのマスカットをやったら喜んどったわ。どこの枝の子か知らんけどやな、『(本家の)仏壇に線香上げさせてもうて、(お供えした後は)ほかす(捨てる)んやったらほかしてもええから、のお本部長(岸本)』言うて、ガーッと帰って来てもうた。(組の)人数が減ったら根性が弱なるもんやろうけど、そんな人間ばっかりちがうぞ」

これが武にとって最後の山口組本家訪問だったが、その威勢のよさだけが際立った印象である。武は久しぶりに本家の空気を吸って高揚感さえ覚えていたのかもしれない。しかし検討事項だった本家の権利問題、祝儀の分配問題などは片付かなかった。

山之内は事後処理のため、三回目の岡山行きを決めた。

「武さんが喧嘩別れになって帰ったから、なだめに行ったようなもんですわ。そのままじゃちょっと具合悪いんでね。遺恨を残してもいかんし。

結局、その場で武さんが言ったことは『安東(美樹)や、懲役に行っとる連中だけはちゃんとしたってくれ。竹中組は(山口組を)出てもうたけど、ちゃんと面倒見たってくれ』ということです。それが最後の伝言でしたね。

武さんも、もうちょっと柔軟だったらよかったんやけどなあ。その根性というか、意志の強さは素晴らしいもんがあるんでねえ。ぶれませんしねえ。ただ、極端に不器用な生き方をした人ですよねえ。

まあ三者会談はこんな終わり方やったけど、岸本さんも野上さんも、この問題を放ったらかしにしないで、その後、司(忍)さんを使者にして、武さんのもとへ行かすことになったんですよ。

司さんが僕の大阪の事務所に来て『武との話の概要を教えてくれ』と言うので、僕はいきさつを伝えました。その時に司さんは、『私が出ていく以上はこれが最後だ』と言っていましたね。要するに『自分の次に他の者が出ていくことはない。自分が決める。山口組の中で、それくらい権限がある立場の人間なんだ、自分は』ということですね」

司は当時、若頭補佐の一人だったが、山之内の証言でわかる通り、山口組を背負って立つ気概と自信にあふれていた。そして岸本、野上の二人も司の力を十分認めていたことがわかる。誰もが司を六代目の最有力候補と考え、その反面、渡辺五代目は執行部にも見放されていたのである。

山口組本家にまつわる金銭問題について、山之内幸夫と倉田浩司の話は微妙に食い違うのだが、両者が共通して語ったのは、武の山口組に対する愛着である。この点について倉田はこう証言する。

「武のおっさんは、ほんまに山口組に愛着があったんやで。かといって意地があるから、自分から帰りたいとは言えへん。悩んでたんやろな。見ていてかわいそうなくらいやった」

武の山口組に対する気持ちを推察すれば、それは孤独な旅人が抱く望郷の念に近いものだろう。理屈抜きに湧き出す感情である。しかし山一抗争で服役中の若い衆や、山竹抗争の犠牲者のことを考えれば、自ら復帰するとは言えない。それでは筋が通らないのだ。武は帰るべき故郷を間近に見ながら、自分の感情を押さえ込もうと激しく葛藤していたのである。

五代目休養宣言

司忍と武の対面に話を移す前に、当時の山口組の状況を見ておこう。

平成一六（二〇〇四）年一一月、山口組系三次団体が引き起こした警官誤射事件（平成七［一九九五］年、私服警官を会津小鉄系組員と見誤って射殺）の民事裁判上告審で、最高裁が山口組の上告を棄却。渡辺五代目の民事に関する使用者責任が確定した（実行犯、三次団体組長、渡辺五代目ら四人に計約八〇〇〇万円の損害賠償金支払いを命令）。

この直後、山口組執行部は「五代目休養宣言」を発表。この前代未聞の事態について、関係者の大半は、執行部が渡辺を完全に棚上げしたものと見た。

ただし、山之内幸夫の著書（『山口組顧問弁護士』角川新書）によれば、次のような経緯だったという。渡辺は当時、刺青が原因でC型肝炎に冒され、治療薬の副作用と睡眠薬の常用で判断力が極度に低下していた。そのような状態で、渡辺は使用者責任について旧知の刑事からニセ情報を聞かされる。「山口組が起こした刑事事件の責任をすべて五代目が負わされる」と吹き込まれたのである。使用者責任は民事に限定したものだが、刑事のニセ情報によれば、渡辺は膨大な年数の懲役を科せられることになるのだ。そのため渡辺は活動不能なレベルのノイローゼに陥ってしまう。そこで執行部は緊急直系組長会議を開き、岸本才三総本部長が五代目休養宣言と集団指導体制への移行を発表したのだという。

渡辺が薬漬けになっていたことはもちろん隠されていたが、いずれにせよ当代としてはすでに機能していなかった。指導力のなさ、金銭への過度な執着、宅見射殺事件での不手際などで悪評を買い、求心力を完全に失っていたのである。加えて渡辺の山健組に対する身びいきも、とりわけ弘道会などからは敵意を向けられていたに違いない。しかも身内であるはずの桑田兼吉（三代目山健組組長）には距離を置かれ、渡辺が頼れるのは井上邦雄（四代目健竜会会長）しかいなかったと言っていい。

井上はかつて健竜会で渡辺の秘蔵っ子と言われていた。そして大阪戦争では、松田組系組員二名射殺の首謀者として懲役一七年の長期刑に服している。この戦果によって渡辺は名を上げ、最終的に五代目の座をつかんだ。渡辺にとって井上は、信頼できる最後の側近だったのである。

五代目山口組は発言権なしの当代をかつぎ、さらに宅見の死後、八年にわたって若頭不在という変則的な運営を続けてきた。五代目休養宣言は、山口組が急速に動き出す転機となった。

司忍の岡山訪問

司忍が武を訪ねたのは、平成一七（二〇〇五）年の春先のことと思われる。木山修造がそのいきさつを語る。

「（司が）若頭補佐の当時、四代目の墓参りに来られたんですね。墓参りのついでに御着（姫路市）の実家に寄られ、仏壇にお参りされてます。そこで親分のお姉さんと話をされたようですね。二人の話が終わって、司の親分から岡山の事務所へ電話があったんです。

『ここから岡山まではどのくらいかかる』

『一時間半くらいですかねぇ』

『（武は）今、事務所におるやろか』

『おります』

こんなやり取りがあって、急遽岡山へ来られることになったんです。（武と司は）別室で二人だけになって、ちょっと長い時間話をしています。内容はわかりません。それで（司は）岡山に来られてすぐに若頭になられます」

この会談に際して隣室に控えていた倉田浩司は、次のように語る。

「司さんは六代目襲名に向けて準備していたんや。それで武のおっさんに『兄弟、山口組に戻って助けてくれ』と頼んだ。おっさんはその頼みを受けて、山口組に戻るつもりやったんや。元竹中組の組員が、中野会やとかあちこちに散らばっているから、『もう一度、(竹中組に) 集めなあかん。金が要るなあ』言うとった。

岡山の家も売るつもりやった。『やっぱり竹中組いうたら姫路のイメージが強いやろ』言うて、姫路に事務所を移すつもりやったんやな。山健(組)の妹尾(英幸・元山健組若頭)さんに岡山の家を買うてくれるよう頼んでいたし、妹尾さんも了解していた。おっさんは『(山口組に戻ったら) うるさいことを言うから嫌がられるやろうな』言うてたけど、俺は『戻ったらええがな』と勧めたんよ。そしたらおっさんは『お前のために戻ってやる』言いよったわ。やっぱり復帰するには、迷いを吹っ切る必要があったんやな」

武としては、山口組六代目になるはずの司の頼みであれば、山口組復帰には大義名分が立つと考えたに違いない。正久が受け継いだ山口組のためであり、同時に正久が直系に引き上げた司の助けになるからである。司の岡山来訪は武の決意を強く促すことになった。

こうした状況で武と司の話題は六代目取りに集中し、山口組本家の権利問題は宙に浮いてしまったのかもしれない。話の流れとしては寄り道になるが、ここでこの権利問題に再度触れておかなければならない。なぜならこの場で明確な答えを出さなかったことが、武の死後、竹中家にも影響をおよぼすことになるからである。以下、竹中家に伝えられた話を伊崎哲也が代弁者として語る。

「山口組の今の本家は、四代目襲名の時に山口組の金と、竹中組の金と半々で田岡邸を買い取り、駐車場ごと新築したもの。だから半分は竹中組の物で、半分は山口組の物です。四代目が殺されて武親分が山口組を離脱した後に、岸本才三（総本部長）が、『金を払って竹中組が持っている所有権を山口組に買い戻す』と言った。ところが実際に金は支出されたものの、その後の処理があやふやになった。

この問題で『山口組は金を出したんやけど、どないなったんや』とめくりに来たのが、若頭補佐時代の司さんやった。司さんは四代目のお墓参りの後で岡山に来て、親分（武）に話したんです。親分も金の行方は知りません。

『誰がもろうとんじゃ。わし（武）はもろうてへんぞ』ということになって、その場で相談役（正）と四代目の姐さん（中山きよみ）に電話で確認したけれども、誰も知らない。

それで司さんは親分に言ったんです。

『じゃあ兄弟、これは執行部で話してめくってええか』

『めくったらええがな。ほんまのこと言うたらええがな』と、親分も答えた。

ところがその後、司さんから返答がない。親分が死んでからも音沙汰がないんで、相談役が怒ったんです。

『（本家へ）めくりに行ったのは六代目やろうが。めくった後、なにしとんぞい。六代目も黙ってまいよんかい。今の本家は（竹中組から）借りとるんかい。買うたんかい。なんぞえ』言うて。

この話は親分のお嬢さん（長女）も全部知っとることです。お嬢さんは、誰が竹中組を継いでもええ、きっちりそのこと（本家の権利問題）を（処理）してくれる人が継いでくれたらええ、と言ってたんです」

倉田、山之内、伊崎、三者の証言は大筋で重なり合うものの、食い違う箇所も含まれている。その違いは証言者の立場や時間の経過によって生じたものだろうが、いずれにせよ明確なことは、山口組本家の権利問題が未解決だったことである。その結果が竹中組の後継者問題にも影響することになる。

中野会の影

平成一七（二〇〇五）年五月、司忍は山口組若頭に就任する。これが六代目取りへの中間点である。司はこの時点から二ヵ月前の三月、弘道会若頭の髙山清司を二代目会長に昇格させ、自らは総裁的な立場に就いていた。そして四月には髙山を二代目弘道会会長のまま山口組直系に上げ、司自身は弘田組組長を名乗った。弘田組は弘道会の前身であり、すでに組織の実体はない。司の弘田組組長就任は、弘道会の在籍者が二人同時に直系組長であることを避けるための便宜的な措置である。同時に、司―髙山の弘道会ラインをそのまま山口組執行部に持ち込む布石だった。

当時、溝口敦は武に取材し、司に対する見方を聞いている。

「武さんは司に対し、『若頭になったら、すぐに六代目を取れ。スピードが命だ。早ければ早いほどいい』という思いを持っていた。だから武さんも渡辺よりは司の方がマシだという考えだった。岸本（才三）さんも同じ考えだった。主要な幹部の多くがそう思っていたのではないか」（溝口）

岡山での武―司会談で、武は溝口に語った持論を述べ、司に六代目取りを急がせたに違いない。そしてその前提として、中野会問題の解決があることも伝えていたはずである。なぜなら武は「中野会問題を解決せんことには、山口組は一歩も前へ進まれへん」と常々明言していたからである。つまり、山口組は絶縁した中野会を放置している限り、ヤクザとしてのケジメを付けておらず、他団体に対しても申し開きができない、という考えである。武の心配は杞憂ではない。現に司六代目襲名に際し、事前に滝澤孝（若頭補佐、当時）が関東の団体へ挨拶回りに行くと、未解決の中野会問題について問いただされ、答えに窮したという話が伝わっている。司にとっても頭の痛い問題だったことは確かである。

中野会は絶縁処分を受けた二年後の平成一一（一九九九）年七月、単独で暴対法の指定団体になった。しかし同年九月、若頭の山下重夫（山重組組長）が二代目宅見組（入江禎組長）の襲撃部隊に射殺され、平成一四（二〇〇二）年四月には副会長の弘田憲二（弘田組組長）が天野組（天野洋志穂組長）のヒットマンに射殺されている。天野組は初代宅見組の傘下組織で、宅見射殺事件後、山口組直系に上がっていた。

中野会は最盛期一七〇〇人の組員を抱えていたものの、山口組の切り崩しによって一三〇人規模に縮小。その間、平成一五（二〇〇三）年一月に中野太郎会長は脳梗塞で倒れ、リハビリを続けていた。

武は中野会問題の処理について以下のように語っている。

「中野が脳梗塞で倒れて、（その後）うちの姉も同じ脳梗塞で倒れた時に、渡辺が姉に五代目の名前で一〇〇万見舞いを持って来た訳や。姉はこっちの言うことはわかるけど、ものも言われへん。中野もこんなんかいなあ思うて、いっぺん覗いてやろうか思うて見舞いに行ったんや。（中野は）『ちょっと調子が悪い』みたいな話をするから、そいでわしは、渡辺の方から（中野に対して）『リハビリに専念せい』と言うように伝えた。（渡辺が）一声かけたら、わしが（中野に引退するよう）話したる、（渡辺の口から）『引退して解散せえ』とは言いにくいやろうから。そう（山健組を通じて渡辺に）言うたけど、（渡辺側近の）井上（邦雄）やらは全然動けへんからやな。

そいで今度、司（忍）も若頭《かしら》になったから、『司はどう思うとんのや』と聞いたら『四代目の親分が菅谷（政雄）にした時みたいな形にしてくれるんやったら、自分は（ありがたい）』と言う。

菅谷と同じようにと言うても、日本の国自体が中野会を指定暴力団として認めてしもてんのやから、わしの話でうまいこといくかどうか知らんけど、（中野が内々で自分から）引退を切り出した言うからやな。まあ（中野は）体も悪いしするから、『本日をもってやめます』というようなこと（を言わせること）はできるけどやな（と司に言った）」

正久が菅谷組（菅谷政雄組長）を解散させた経緯を振り返っておこう。

昭和五二（一九七七）年四月、菅谷は川内弘（菅谷組舎弟・川内組組長）暗殺事件の責任を問われて山口組を絶縁される。しかし菅谷は組の解散と自身の引退を拒否し、四年にわたって独立組織を維持した。その菅谷に引導を渡したのが、当時若頭補佐だった正久である。

中野会も菅谷組と同様に山口組を絶縁されているが、中野会はその後、単独で暴対法上の指定暴力団になっている。つまり独立組織として国から認定され、それ相応の勢力を保持していたのである。その点、消滅間近だった菅谷組の解散とは事情が異なる。ただし中野太郎の病状回復が進まず、気持ちが引退に傾いていることを武は知っていた。

さらに武の発言を見ると、当初、武は当代である渡辺のために動く気持ちだったことがわかる。ところが渡辺サイドからの反応が鈍く、次善の策として、若頭になった司の意向を確認している。武はこの時点でも山口組の序列を重視した。その筋を通した上で、武は司に協力を約束したのである。

山之内幸夫は次のように言う。

「武さんとの会話で印象的だったのは、僕の前では渡辺さんを決して呼び捨てにしなかったことやね。いくら山口組を罵倒しても、必ず渡辺さんのことは『五代目』と呼んでいましたわね」

武にとって山口組の当代という位置は、どんなことがあっても揺るがせにできなかったのである。

司は中野会解散の手応えをつかみつつ、六代目取りの準備を加速する。若頭就任の翌六月、直系昇格から二ヵ月しか経っていない髙山清司を若頭補佐に抜擢。そして七月、渡辺五代目の引退と、司六代目ならびに髙山若頭の就任が発表される。この一連の動きが渡辺五代目に対するクーデターだったことはすでに定説となっているが、裏事情を知る元捜査員の証言を付け加えておく。

「五代目がちょっと調子が悪くて、司（と配下）が（山口組）本家でコレ（拳銃）とコレ（金）を持っとって、『（五代目を）続けるか、引くか（引退するか）』（と渡辺に）詰めた時に、五代目は『引く』いうことで、司はコレ（拳銃）を使わずにすんだ。だから（事件にならずに）六代目になった訳や」

元捜査員という立場上、あまり具体的には語れないようだが、司は渡辺に金を渡して引退させた、という意味になろう。もし渡辺が引退を拒否すれば、当代殺しに発展していたのかもしれない。話の一端から状況を想像すれば、まさに緊迫感あふれる王位交代だったのである。

中野会解散

武は司六代目誕生を機に、いよいよ中野会解散の仕上げに入る。その下準備として、武は宅見組系の幹部に接触した。

「(宅見は中野会に殺されたけれど)中野の方にも殺された者がおるがな。そやけど中野問題を(解決)する時にそれを言いおったんでは、なんもかんも盛り返し(蒸し返し)になって、ねじれてしまう。

『わし(武)も(宅見組系組織にカチ込みを受けたことを)辛抱するから、入江(禎・二代目宅見組組長)や天野(洋志穂・天野組組長)も辛抱せい』いうことで、『中野の問題を解決するためには絶対に(蒸し返しを)すなよ』という条件付きで(話をした)」(武)

これまで、中野会解散は寺岡修(俠友会会長)の主導で行われた、とする説が関係者に行き渡っていた。中野会問題の解決は抗争時の武勲と違って派手な手柄ではないが、この一件で寺岡の評価が大いに高まったのは確かである。ただし武は寺岡主導説を否定し、中野会解散の具体的な手順を以下のように説明する。

「寺岡がやった(解散させた)いうことはないわ。(寺岡は)わしのとこへ来て(話がまとまって)から入江のとこへ(事後報告に)行ったんやろ。

一番最初は(寺岡を通じて)岸本(才三・総本部長、当時)宛てに詫び状を書いてくれという（山口組からの）依頼やった。（山口組宛ての詫び状なんて）アホなこと言うなという話や。詫び状やったら、最後に警察やなんかに（出す解散届に）『長いことご迷惑をかけました』いう一筆は入れたれということをやな、わしがみな決めてやったんや。

そんなもの（寺岡ではなく武が主導したことは）中野（会）の者がみな知っとるやろが。その時に（武が解散の段取りを）話したのは中野会の者の方が知っているのにやな。それが（それなのに寺岡が解散させたという）世間の話になっとるんやな。

ただ、（中野の）命の保証の問題があるさかい、もし（中野会解散後に山口組が中野を）騙す（手を出す）ようなことがあったら、寺岡が『腹を切ります。腹を切ってお詫びします』とわしに言うたことは言うたけどな、寺岡が（解散の主導を）したんと違う。寺岡が言うた条件なんか一つも呑んでない。『あかん』ちゅうて、わしがみな蹴った。

（たとえば）引退届を出すのに、（宛名を）六代目山口組にするか、六代目・司（忍組長）にするか、どっちか選べばいいことをやな、山口組に決めさせたらええ（と言った）。ほな（山口組は）六代目山口組執行部（宛て）でしてくれ言うて。（そのことも）わしが決めたんやがな。

寺岡なんてのはもともと細田（組）の枝の子やないか。もう時代が変わって（寺岡も幹部になって）もうとるから、（世間が寺岡の主導と考えても）しょうがないわな、そら」

武は中野会を解散させた恩義を山口組に売りつける気持ちなど微塵《みじん》もなかったはずだ。すべては兄・正久が引き継いだ山口組が、後ろ指をさされないよう協力したのである。しかも五代目時代から懸案だった中野会問題を解決できるかどうかは、司六代目の評価に大きく関わる事柄だと武は理解していた。

武が追い求めた強さとは、単に抗争での強さだけではない。ヤクザとして最後まで筋を通し、禍根を残さぬようケジメを付け、他団体に侮られないよう振る舞うことが強さなのである。その強さは行動の積み重ねの上に築かれるものであり、事実が事実として伝わってこそ、強さの蓄積になると考えていたはずだ。それゆえ寺岡に対する語調が荒くなったのである。付け加えておけば、寺岡の奔走が功を奏したことも、武がその行動を評価していたことも事実である。

平成一七（二〇〇五）年八月七日、中野太郎は大阪府警に中野会の解散届を提出した。司忍の六代目決定から九日後のことである。

「絶縁は五代目から直接言い渡されていない」と主張し、八年間にわたって独立組織を維持した中野太郎は、最後まで山口組に反撃することなくヤクザ人生を終えた。伝えられる話では、中野が解散を承諾した際、側近に語ったのは「もう楽にしてくれるか」という言葉だったという。中野が山菱以外の独自の代紋をついに作らなかったのは、最後まで「五代目山口組の中野太郎」で終わりたかったのだろう。

その後の事情を知る木山修造はこう語った。

「（武は）なんせ欲のない人ですわ、自分らから考えたら。中野の親分が引退した時でも、その当時残っていた子分が全員竹中組へ来ると言うたんやけど、それも親分は断ってます。『わしが若い衆を欲しいがために中野を引退させた思われる』言うて断ってます」

武は中野会解散の後、故郷の大分に戻った中野太郎を気遣っていた。「『太郎はかわいそうや』言うて、毎月一〇〇万送ってあげよった」（伊崎哲也）という。この送金は倉田浩司を経由して行われたが、武の手元が苦しい月には倉田が不足分を立て替え、一〇〇万円の送金額が減ることはなかった。

六代目体制始動

平成一七（二〇〇五）年八月二七日、山口組本家で司六代目組長の襲名式と盃直しが執り行われた。参加者は山口組直系組長だけという内輪の儀式である。五代目襲名式では稲川会の影響力が目立ち、武から見れば好ましい状態ではなかった。したがって稲川会抜きの六代目襲名式は武を喜ばせた。

「わしらから言わせたら、えらいどさくさにまぎれて（司が銃刀法違反で）収監されるような可能性もあったしするから、そのまま稲川に後見やとかしてもらわんでも済んだ。（稲川聖城総裁も）年いってたりするもんやから、ちょうど息子（稲川裕紘・三代目稲川会会長、同年五月二九日死去）が死んで事情があったかもしれんけど、（後見を立てずに済んだのは）運がええのはええわな。

ただはっきり言うて、単純にわしら山口組におったら、髙山（清司の）とこの二代目弘道会若頭の竹内（照明、肩書は当時）いうのと、稲川のもん（内堀和也・二代目山川一家若頭、当時）、と兄弟分やなんていうのは（させていない）。日本を取ろうと思うたらこれをしたら（喧嘩ができないから）あかんよ。取られへんよ。そないしてもうたら」

竹内照明と内堀和也の兄弟盃は平成一八（二〇〇六）年一〇月のことだが、武は他団体との代紋違いの盃を一貫して否定していた。

「中途半端な代紋違いの舎弟やなんか言うて、（相手の組は）初代から二代目、三代目になっとってやな、（今さら）代紋を変える（よその代紋を入れる）ようなことはでけへんがな。それをしたらあかん言うのに。よその代紋のちがうとこへ山口の菱を入れたらな。上のもんはええけど下のもんは（混乱して）困るやろ、アホや」

武の持論は、各団体の独立性を認めながら競い合うという、いわば自由競争主義である。一方、六代目山口組は、盃外交による抗争なき支配を目指した。これが巷間でささやかれた「山口組幕府論」につながる。これは戦乱（抗争）の時代を終わらせ、山口組の統一・支配によって平和をもたらす構想だとされている。司六代目は山口組の圧倒的な組織力を背景に、他団体に有無を言わせず盃外交を推し進めた。

その第一弾が、東京の名門博徒団体・國粋会の山口組傘下入りである。山口組は國粋会の内紛を仲裁したことで工藤和義会長と親交を結び、平成一七（二〇〇五）年九月に司六代目が舎弟盃を与えた。工藤会長は山口組の最高顧問として迎えられ、かくして山口組は首都圏に直系組織の出城を築いたのである。

その後、司六代目は京都の会津小鉄会・図越利次会長に代紋違いの舎弟盃を与え、一二月に司が収監（後述）されて以降は、髙山若頭が名代となって各地の有力団体と盃外交を進めた。ただし外交とはいえ、その実態は、盃によるヤクザ界の平定といった感が強い。

武はそうした動向を、一歩離れた地点から見守っていた。

第一二章

新生竹中組

六代目山口組・髙山清司若頭も
使者として武宅を訪問した

特使・高山清司

武は懸案だった中野会問題に決着をつけた後、さらに困難な課題に取り組んでいた。新しく若頭となった高山一夫を中心に、竹中組を急ぎ再編しなければならなかったのである。高山一夫は姫路事件の実行犯として竹中組に貢献した功労者である。しかも実行犯メンバーの大半が山口組に移った後も竹中組に残り、武を支える気構えだった。しかし当時の高山一夫は、二〇年におよぶ服役生活で精神的にダメージを受けていた可能性が高い。精神科に通院していたという関係者の証言もある。武は高山一夫を全力で守り立てたかったはずだが、高山がその期待に応えるためには十分なリハビリ期間が必要だったに違いない。

武は高山一夫の精神状態の異変に気付いた時、拙速な若頭任命を悔やんだことだろう。高山一夫の抜擢は組織として裏目に出たばかりでなく、さらに高山自身をも深く傷つけてしまうことになる。

六代目山口組執行部の特使が岡山を訪ねたのは、武が竹中組の将来を考えあぐねている時期だった。一行の代表は六代目山口組若頭・髙山清司である。この会談を間近で見聞きした倉田浩司によれば、俠友会の寺岡修、二代目伊豆組の青山千尋もメンバーに加わっていたという。

司忍は六代目襲名からおよそ四ヵ月後の平成一七（二〇〇五）年一一月二九日、銃刀法違反事件の上告が棄却され、同年一二月五日に収監される。髙山清司の岡山来訪は、司の収監以前のことだった。

「要するに（髙山清司は）当代（司忍）のお使いで来たんや。武のおっさんは司さんが来るもんやと思い込んでいたから、『水臭いなあ、六代目が来てくれたらええのに』言うてえらく残念がっとった。もっと言えば、六代目じゃなくて髙山（清司）さんが来たことには不満だったと思うで。

髙山（清司）さんの話は『（武に山口組へ）戻ってくれ』いうことやった。そこで（武に）条件を付けたんは『（竹中組の）総裁になってくれ』いうことやったんや。正直に『引退せえ』とは言えんから」（倉田）

この場面における「総裁」の意味合いを説明しておこう。組織図で見れば総裁は組長の上に位置づけられるが、代表権のない名誉職であり、総裁就任は実質的に現役第一線からの引退を意味する。

「その時に（高山清司は）『高山一夫を三代目（竹中組組長）で』いう話をしたんやけど、（武は）『高山（一夫）は精神を病んどるからあかん』と言うた訳よ。それなのに高山（一夫）が（山口組執行部と）裏で話をしたから、武のおっさんは怒ってまいよった」（倉田）

詳しい経緯は不明だが、高山一夫は武の知らぬところで、山口組執行部と接触していたことになる。その後、武の怒りを買った高山一夫は竹中組を去り、弘道会内高山組の最高顧問に就任する。

木山修造は高山一夫の去就についてこう語る。

「（高山一夫には竹中組から）破門状もなにも出していない。ただ弘道会へ行っただけ。長い懲役に行ってますからねえ。ちょっと感覚が戻らなかったというか。そういうことはあったにしても、本人がよそへ行った方がええと思ったんちゃいますか。そこんとこはようわからんのですけどね」

木山の立場では答えをにごすしかないだろう。とはいえ、武と高山一夫の間に深刻な対立があったのは間違いない。現に武は「高山一夫を破門した」と明言している。高山一夫にも言い分はあったはずだが、最後まで武との間にしこりを残したまま、後日、自殺することになる。

若頭の意図

武―髙山清司の会談に話を戻そう。

「武のおっさんとしては、六代目に頼まれたから山口組に戻る腹を固めた訳や。ところが髙山（清司）さんの口ぶりやと、おっさんが戻りたがっているように聞こえてまう。それでおっさんは『わしから戻るとは言うてない』と釘を刺した。もうそのあたりで（交渉は）行き詰まりやな。

それにしても、おっさんに対して『山口組に戻って助けてくれ』言うとった六代目が、なんで心変わりして総裁の話にしたんかわからへん。もしかしたら、（渡辺）五代目とおっさんが対立してたから、おっさんが復帰すれば自分もややこしくなると思うたんかな。とにかく引退勧告みたいな話が急に出てきたんやからな。

六代目にどんな話を聞いてきたか知らんけど、そりゃあ髙山（清司）さんにしたら、おっさんが復帰すれば邪魔臭いだけやし、六代目の考えをどれだけ正直におっさんに伝えたかわからんわな。逆におっさんの言い分が、髙山（清司）さんを通じてどれだけ六代目に伝わったかもわからんしな」（倉田）

さらに倉田が武の本音を語る。

「武のおっさんは（山口組に）戻りたい気持ちがあったんよ。組長のままで戻りたかったたんやろうけど、そのかわり（復帰後）すぐに引退する気持ちもあったんやで。『わしみたいなもん、もうヤクザしとってもしょうがない。わしみたいなのがおったって嫌われるだけやから』言うて。（引退するまでに）山口組を立て直さないかんという気もあったみたいやしな。それを一方的に『総裁になれ』と言われて怒ったんや。売り言葉に買い言葉かもしらんけど、髙山（清司）さんに向かって『山口組に竹中組を残したいんやったら、お前のところ（弘道会）から組長を出せ』とまで言いよった。それでも、話し合いの場で声を荒らげるようなことはなかったわな。いちおう当代の正式なお使いやから、我慢しとったんや。

この会談をセットしたのは寺岡（修）さんなんやけど、六代目も連れて来れんかったし、話もおっさんには不愉快な内容やったから、恐縮して顔も上げれんかったわ。青山（千尋）さんも同じやったな。

髙山（清司）さんらが帰った後は、おっさん一晩中荒れてたわ。『あんな髙山（清司）みたいなもん、わしにとったら孫の孫の子みたいやのに、なんやかや言われとうないわい』言うて」

武が荒れるのは当然だろう。半年前に自分を頼ってきた司が、キャリアでは相当格下の髙山清司を使いに寄こし、実質的な引退勧告を突きつけてきたのである。

武自身の言葉によれば、髙山清司の申し入れは「髙山一夫を三代目竹中組組長として山口組に迎えたい」というものであり、これに対して武は「竹中組は二代目など名乗っていないのに三代目が出せるか」と応じたという。しかし武の傷心を考えれば、どんなに小気味のいい捨てぜりふを吐いたところで留飲が下がることはなかっただろう。

司の真意はどこにあったのか。これまでのいきさつから考えれば、司は武との信義を守りたかったはずだ。六代目になったからといって武を急に邪魔者扱いするとは考えにくい。ただし倉田が指摘した通り、若頭である髙山清司にとって武の復帰は重大な懸念材料になる。

もともと武と司は四代目時代の直系組長同士であり、兄弟分の関係になる。仮に武が山口組に復帰したら六代目山口組舎弟という立場になるだろう。したがって直系若衆の職責である執行部入りはない。だが舎弟の立場にせよ、武が山口組に戻れば、髙山を中心とする執行部に厳しい注文をつけかねない。その場合、武を慕う古参組長が付和雷同することも十分考えられる。弘道会という新興勢力を母体にする髙山としては、旧体制の実力者をいかに排除するかが課題になる。事実、後年になって山口組を追われた組長は、後藤忠政にしろ、盛力健児にしろ、武と親しかった古参組長が多い。

さらに親分である司は六代目襲名時、銃刀法違反で長期収監されることを事前に覚悟していた。それでなくてもキャリアの浅い髙山は、留守番役の筆頭として自分の権威を絶対のものにしておく必要があった。権威付けの邪魔になり得る武を山口組に入れるのは危険だったのである。

そう考えていけば、髙山清司が司の岡山行きを押しとどめ、自ら武との交渉役を買って出たとしても不思議はない。しかも髙山清司は事前に髙山一夫と接触し、根回しを済ませていた。武の組長譲位と総裁棚上げを前提とし、武を除いた形で竹中組を山口組に復帰させる案は、髙山清司にとってぎりぎりの現実的な選択だったのだろう。もしこの見方が正しければ、髙山清司は船出したばかりの六代目体制を死守するため、司の意向を曲げてまで武を排除するという汚れ役もいとわなかったことになる。

武は髙山清司との対面後、こうした背景をある程度理解したのかもしれない。倉田浩司によれば、「髙山（清司）さんとは岡山で会ったのが初対面のはずやから、武のおっさんが髙山さんを嫌い出したのはこの後のことや。それでも、六代目に対する信頼感は最後まで変わらんかった」という。さらに木山修造の証言がある。

「本当は六代目が刑務所から出て来るまで（武に）生きとってほしかった。親分がはっきり言うてましたよ。『六代目が出てきたらうち（竹中組）は変わるぞ』と。どういう話があったんか、それは自分もよう知りません。その時に『(山口組に）帰るんですか』て聞いたら、本人は『別に帰らへんわ』言うてましたけど、『なんでこんなこと言うんやろ』と思ったぐらいです」

つまり武は髙山清司を相手として見ておらず、一貫して司を相手にしていたのであろう。

後年、武は高山清司についてこう語っている。

「(高山は)いきなり直参になって、若頭補佐《ほさ》になって、若頭《かしら》になって、それまで例がないけども、司にしたら信頼できる者がおらへんから、そないせなしょうがないやろ、司の立場としてはな。自分が(収監されずに)おったらせえへんやろうけどな」

好き嫌いは別として、司には高山清司が必要不可欠な人材だと武は見ていたのである。また、「渡辺(芳則)やったら、今の高山(清司)の方が(若頭として)マシとちゃうか。金儲けがうまいからな」(武)と、皮肉な言い回しながらも、いちおうは高山の力を認めている。

いずれにせよ武は、司組長—高山若頭の六代目体制について「前よりようなってる。五代目の時より六代目になってから(の方が)。中野会問題のついでに(懸案事項を)みな話したからやな」と、自分の貢献も含めて評価している。そう言いながら「高山(清司)らはわしが煙たいもんやから、三代目竹中組や言うて、二代目がないのに三代目にするなんてアホなこと言うてからに」と付け加えるところが、武たるゆえんなのだろう。

結局、武は山口組の申し入れを断り、これを最後に復帰話は途絶えた。そして司六代目の出所後、また新たな展開を迎えることになる。

弘道会政権批判

六代目山口組に期待し、そのすべり出しを評価していた武だったが、押しつけがましい盃外交や人事面での強権体質、度合いを強める金権体質に対し、次第に批判を強めていく。

「たとえば髙山（清司）が司の誕生日やさかい言うて、刑務所の中に入っとる者（司）の誕生日に来てくれ（と他団体を本家に呼びつけて）、おめでとうございます（などと言わせている）。そんないらん費用を使わさんとやな、『そんなもんよろしいさかい』とこっちから断って、そのかわり、『また（刑務所を）出た時にはみな来たってください』言うてやな。（本人が）おれへんのに『誕生日おめでとうございます』と言うてもろうてどないすんや。しよることが狂ってもうとるが、はっきり言うて。新年会やとかなんや言うてよその団体に来てもうてやな。呼ばれて行く方も頼んなさ過ぎやけどな」（武）

さらに、髙山清司の人事面での強権体質に話がおよぶ。

「東京の堀政（堀田政司・小西一家内初代堀政連合会会長）でも除籍になってしもうた。かわいそうやわな。なぜか言うたら（髙山清司が堀政を）扱いにくい訳や。髙山が佐々木（康裕・佐々木組組長＝弘田組舎弟）の若い衆でや、佐々木と堀政が兄弟分やったから、そういう力のない自分を髙山は堀政に知られてもうとるからな。回り回ったら堀政は（髙山清司の）叔父貴みたいな関係やったから、昔はやな。堀政も悪いとこあるんやけどな。反発するようなことばっかりしとるから」

高山清司は六代目体制の強化を図るため、強引とも見える人事を行った。その眼目は、直系組長の新旧交代と、山健組勢力の削減である。高山は古参組長たちの反抗の芽をいち早く摘み取り、次々に処分を下して外へ追いやった。また、山健組傘下の有力組織を直系に引き上げ、大勢力を保持する山健組の分断に成功した。

こうした強硬策は、組織の引き締めと高山若頭の権威づけに大きな効果をもたらしたが、「高山独裁＝弘道会の圧政」という不満が次第にくすぶっていった。

高山批判に拍車をかけたのは、会費や臨時徴収費の高騰、そして本部を販売元とする雑貨購入の強制だった。

「それでも（高山は）金集めるのは上手やもんな。ただもう雑貨屋みたいなもんや、わしらから言わせたらな。ティッシュペーパーやとか、トイレットペーパーやとか、石鹸やとか、歯ブラシやとか。よその者に売るんやったらええわい。住吉とか極東みたいに、（店に）水取ってもらうとか、オシボリ取ってもらうとか。家（組）の中の者に売ってどないするのや。

今でも健竜会なんか、中田（広志・五代目健竜会会長）いうのは、三〇万か五〇万か知らんけど、割り当ての水やなんや事務所で使うさかいに言うて（自分で費用は負担している）。だみな（傘下組織）に送ったり振り分けたりしよったら送り代の方が高うついてまいよる。だから自分の事務所で使うから、自分が銭出すから言うてやな。そういうようにしよる組はええけどやな、それを押し付けてしよるからやな、よけいに人気悪うなってまいよる。
　なんにしたって、こんなん売ったらあかんわい。押し付けたらな。そないするんやったら、かわりに会費を安うするとかやな。（そうやって負担を軽くしてやればいいものを）どうせ買うんやから組で使え言うて、（物は押し付けるわ）会費は取るわで——。わしらが（山口組の）親分になってみないに（なったとしたら）、（集める会費は月に）二〇〇〇万あったらええがいに。ヤクザが（そんなに会費を必要として）いる訳ない」（武）
　六代目体制になってから直系組長が納める月会費は五代目時代より三五万円値上がりし、一一五万円になったと言われる。山口組本部には毎月約七〇〇〇万円が集まっていたことになる。その他、中元、歳暮の時期、司六代目の誕生日などには、各時期、約一億円ずつの金が本部に集められていたとされる。金がない竹中組直参の会費を立て替えていたこともある武の感覚では、とうてい理解できない金集めだったに違いない。

　弘道会系に移籍した元竹中組組員も多く、武は実態を垣間見ていた。
「うちの相談役（正）のところに米田（竹中組舎弟）いうのがいて、東京におったけどな。七階か八階建ての大きなビルを持っとった。わしら東京へ行ったら、ロールス・ロイスとリムジンに乗って迎えに来よったがな。

（米田が移籍した先は）弘道会やのうて（傘下の）二代目髙山組（竹内照明組長、当時）やがな、最高顧問とかいうとってな。（結局、米田は）若い衆は取られてしまうわ、家は取られてしまうわ、銭もなにもかも取られてしまう。（弘道会系組織は）吸い上げるのが上手なんやろ」

武の嘆きはなかなか止まらないが、髙山若頭の采配は司組長の不在を補って余りあるほどの冴えを見せ、抵抗勢力を圧倒した。武となじみの深い組長たちは次第に表舞台から姿を消し、もはや武の声が山口組に届くことはなかった。

地元ヤクザの顔

ここまでたびたび登場している関西の実業家・伊崎哲也が、初めて武と出会ったのは平成一四（二〇〇二）年のことである。武は五九歳になっていた。

兵庫県下でも飲食店を経営する伊崎は、そのかたわら彫師の修業に励んでいた。伊崎は自分の店に来る竹中組の若い衆と知り合い、彫師の仕事も兼ねて岡山の竹中組事務所へ出入りするようになった。そして武とも自然に親しくなっていく。当時の武は、岡山の侠客として堅気にも名の通った存在だったという。伊崎は堅気のまま武に師事することになった。

武と知り合ってまだ間もない時期のエピソードを伊崎が語る。

「僕の姫路の店の内装をやったクロス屋が、裏でデリヘルを経営していたんです。そのデリヘルに、地元の山健系組織からクレームが入ったんですね。それで僕に、『どうせクレームを付けてきたところに守り代（用心棒代）を払うんだったら竹中組の方がいい。伊崎さんと竹中さんの噂を聞いたことがあるから、相談に乗って』と言ってきたんです。

僕は相談役のところ（姫路）から岡山へ行った（武の配下の）人間に連絡を取り、事情を説明しました。そして、『一度親分におうかがいを立ててくれ』と頼んだんです。

その男はすぐに答えを持ってきてくれました。親分の伝言は、こういうことだったんです。

『裏の仕事もしてお金がほしいという気持ちはわかります。ただし年寄りの気持ちと思って聞いてください。表の顔で正業があるのならば、できれば裏の仕事は慎《つつし》んだ方がいいですよ。裏の仕事をすればグレーな人間と付き合いをしなければならなくなる。正業をおろそかにせず、表の仕事に没頭してほしい。

どうしてもと言うのなら、私らは命がけで守らせてもらいます。ただ、そちらは姫路で私らは岡山です。なにかあったら、すぐにと言っても移動に一時間くらいはかかります。それだけは了承してください。

最後にもう一度だけ言います。できたら正業一本で頑張ってください』

他の組だったら即座に金額の交渉になるところだけど、親分は依頼人の心配をしてくださった。クロス屋も感じ入ったみたいですよ。その後、デリヘルを続けたかどうか知りませんけどね」

伊崎は、先に紹介したオリジナルビデオ『荒らぶる獅子』にも端役ながら出演している。撮影が東京で行われる場合は、武の新宿のマンションに泊まり込むこともあった。

その伊崎が銃刀法違反で逮捕されたのは、平成一六（二〇〇四）年一一月のことである。

「ある竹中組の関係者から道具（拳銃）を預かっていたんです。別件で僕のところにガサ（家宅捜索）が入って、その道具を窓から捨てたら、落とし物として警察に届けられちゃったんですよ。僕に道具を預けた人間は逃げたけど、そのことについては口をつぐんでいました。そうしたら初犯なのに判決は懲役三年です。

武親分は事情を知っていましたよ。道具を預かったいきさつには親分も絡んでいましたからね。預けた本人は僕が口を割ることを心配して親分に相談したようですけど、親分は、『伊崎とは東京で二週間も三週間も一緒におって、わしはいろんなことを話した。いちいちそんなもんビクビクせんでええ。伊崎はそんなもん言わん（自供しない）わ』と、その人に言うてたみたい。でも、もし僕が本当のことをしゃべって親分も一緒に捕まり、僕だけが保釈で出たとしても、親分は笑って『しゃあないな』言う人やろうと思う。そう信じられたから、僕もよけい口にチャックができたんですね。

親分には『(刑務所で）よう人を見て来い』と言われました。だけど、それが最後の言葉になりました」
伊崎が懲役を務めている間に武は世を去るのだが、その後、伊崎は武の遺志を継いで活動することになる。

武は山口組への復帰話が決裂して以降も、引き続き竹中組の後継者問題に頭を悩ませていた。当時、後継者の最有力候補は、山広邸襲撃事件で服役中の安東美樹と見る者が多かった。ただし、安東はすでに竹中組の組員ではない。

昭和六三（一九八八）年五月、山広邸襲撃の際に重傷を負った安東は、後藤組組員の助けを得て茨城県内の病院へ向かった。そこで治療を受けた後はさらに逃亡を続けている。その翌年六月、竹中組が山口組を正式に離脱すると、安東は初代一心会（桂木正夫会長・山口組舎弟頭補佐、当時）の盃を受けた。安東が逮捕されたのは平成二（一九九〇）年九月のことで、つまり安東は一心会の在籍者として服役生活を送ったことになる。

安東が竹中組を離れたとはいえ、武が安東に竹中組後継者としての期待を寄せたのは確かである。

「安東が竹中組に戻り、安東が望めば（竹中組の）山口組復帰もあり得る」と武が語ったとも伝えられている。そもそも安東の竹中組離脱は武に山広邸事件の責任をおよばせないため、という見方が当時はあり、そうした見方が武に期待感を持たせた一因かもしれない。

武は一貫して安東の功績に報いたいと考えていたし、現実に武が後継者として考えられるのは安東しかいなかった、ということになるだろう。

第二二章

遺志を継ぐ者

武の葬儀は組葬ではなく、
竹中家として営まれた

忍び寄る病

司忍六代目は出所まで約五年半を塀の中で過ごすことになったが、山口組は名実ともに髙山清司若頭の時代を迎え、六代目体制はますます堅固になっていった。

一方、武は岡山を離れることが減り、事務所にこもり気味だった。それでも山口組関係者との連絡は途絶えなかったと木山修造は言う。

「菱（山口組）を出てずっと、山口組直参と思われる人から偽名で電話が入ってます。広島やとか大阪やとか横浜やとか、その時々で地名を変えて名乗るんです。たとえば親分に『広島いう方から』と伝えると、『おう電話貸せ、兄弟、元気にしてるかあ』言うて。横で聞いてて直参やなと思いました。『山口組の直参で電話してくれるのは兄弟だけやなあ。落ち着いたら二人でいっぺん温泉に行こうや』いうような話をしてました。そのたびに（名乗る）名前が変わって向こうも気を遣ってたけど、親分はあまり『兄弟、兄弟』て言わん人やから、誰やろなあとずっと考えてましたよ。いまだに誰だかわかりませんけど」

武にとっては落ち着いた日々だったと言えるだろう。その間、料理番を務める木山修造から見ても、次第に武の酒量は上がっていったという。

「酒はもともと強かったです。結構飲んでましたね。事務所へおった時も、どこも出るとこがないんで昼からでも飲んでました。酎ハイなんですけど、まるで水ですわ。ちょっと大きなコップで作っても一気にグーッと飲みますからね。あんまり飲むもんで、焼酎を薄くして作ってもガンガン飲みはるし、流しに焼酎を捨てて『なくなりました』言うても、『買うて来いや』いう話でね」

武は高血圧気味で二ヵ月に一度は薬をもらうため通院していた。ただし身体的な課題はその程度で他に目立った病気はなく、酒豪ぶりも相変わらずだった。六三歳の体としては至って健康に見える。ところが、武自身も、かかりつけの医者もまったく気づかぬほど、静かに病は進行していた。

武が木山に体調の異変を訴えたのは、平成一九(二〇〇七)年の夏である。

「親分の若い衆になってからは、ご飯をずっと作ってました。八月でしたけども、ある日、朝ご飯を作ろうとしたら『腹が痛い。飯はいらん』と親分が言うて、その日は昼ご飯も、夜ご飯も食べられんのです。お嬢さんが家から薬を持って来たりしてましたけど、状態は翌朝も変わりません。

『こらあかんぞ』となって、かかりつけの病院に行ったら検査が長引いてね。その病院の紹介で岡山大学病院へ行ったんですけど、ここでも検査に長いこと時間がかかって、結局は緊急入院です。それから大慌てで入院の準備をしました。

手術には七、八時間かかりました。肝臓の近くに野球ボール大の腫瘍があったらしいです。『(病巣は)きれいに取れました』と医者は言うてたけど、やっぱり転移してたんですね。

それでも手術から二ヵ月くらいは強気だったんですよ。『修造、退院するぞ。病院出たらばりばりやるぞ。若い衆もぼんぼん集めるぞ』言うて、ずっとそんな話をしてました」

大学病院で長年手術を担当する医師も「こんなのは初めて、と首をかしげるような腫瘍」(木山)だったが、武はできる限り正確に病状を伝えるよう医師に依頼していたという。

「年明けぐらいからですね、衰弱が目立ってきたのは。その頃から『大丈夫かいな、治るんかいな』という不安は少しありましたよね、やせてきてはるし。その頃の竹中組は枝もなにもかも入れて三〇人おったかおらんか、直参が五、六人くらいですけど、病状の経過は組のだいたいの者が知ってましたよ。かわりばんこで病室に行っていたのでね。けど事務所では誰も話をしませんわね、『親父が弱ってるなあ』とか、そういうことは。みなが帰ってくるもんやと信じてました。

病室のベッドの引き出しには診断書があったんで、本人はうすうす病状に気づいていたんでしょうかね。一言も苦痛はもらさなかったけど『あかんのやったら、あかんでええ。延命治療はやめてくれ』と医者には言うてたんですね。それに『自分の体が役にたつんやったら、好きなように使うてくれ』と献体まで申し出てはった。なかなか言えんですよ、そんなことは」(木山)

武は入院中、倉田浩司にも本心を語らなかったという。

「俺には病院へ来るなと言うてね。病気の姿を見せたくなかったんや。入院したことを知らせたのは加藤(英幸・住吉会幸平一家総長)さんくらいやと思うで。

そのかわり俺には毎日、一方的に電話がかかってくるんや。『体がえらい(しんどい)』とか、『入院しとるのが、みなにばれてもうた』とか、そんな他愛のない話でね。深刻なことも言わんかったし、ガンであることを俺にも隠しとった」(倉田)

竹中家に出入りしていた関係者は、闘病中の武と家族の様子を次のように語る。

「親分が亡くなる前の半年ほどは、家族が付き添いで看護してはった。先が長くない、いうことは親分も家族もわかってはったけど、親分はできる限りの治療法をすべてやったらしいわ。奥さんも娘さんも『しんどいだけやから、せんでもええやろ』と言ったそうやけどね。

親分は、『やり残したことがある』とは言ってはったんやて。それは(竹中)組のことかもしれんし、ひょっとしたら他のこと、たとえば家族のために決着を付けなあかんことが残っていたのかもしれん、ということや」

武は病との闘いを放棄しなかったが、すでに自分の死が近いことを覚悟していた。その上で様々な思いを飲み込み、沈黙を守った。

　木山の話を続ける。

「（平成二〇［二〇〇八］年）三月一三日のことです。たまたま自分が事務所にいると、加藤総長から『明日見舞いに行きたい』という連絡があったんですよ。親分はもうほとんど声が出なかったからどうしようかなと思うたんやけど、一応親分のとこへ行って伝えると『かまへん』言うんです。自分は加藤総長に『来ていただければ親分も喜びます』と電話しました。

　翌日、加藤総長が来られて、病室で親分と二人きりになって話をしてましたけど、総長もこれは危ないと思ったかもしれません。というのは、総長が帰りの新幹線の中で、付いてる人にこう言うたと聞いてます。

『親分（武）に万一のことがあったら、木山さんらの相談に乗ってあげえよ』と。だから総長は感づいてはったと思います」

　加藤の来訪は、武にとって最後の天恵だったと言っていい。会話はままならなくとも、武は自分と相通じる男の匂いを嗅ぎ取り、脳裏に刻みつけたことだろう。

「その翌朝（三月一五日）の四時頃、病院から『危篤状態』という電話が事務所に入りました。自分は姐さんと相談役と若い衆全員に連絡して、病院へ行ったらもう亡くなってました。若い衆が『親分』言うて泣いてましたから。自分だけ死に目に会えなかった。あちこち連絡してたもんやから、自分だけ間に合わなんだんですわ。

でもやっぱりあの親分が病気で死ぬとは思わなんだ、正直な話。『こんなことであの親分が死ぬんか』いうショックが、あらためて大きかった」（木山）

頑健な肉体に忍び込んだ病は、発見から半年余りで武の命を奪い去った。覚悟の上の死とはいえ、「こんなことで死ぬんか」と木山がもらした言葉は、武を知る者にとって共通の思いだったかもしれない。武の最期の戦いは、誰にとっても思いがけない戦場で、つまり病室のベッドで決せられたのである。

武の死が大きく報じられることはなかったが、竹中組事務所にはすぐに各方面から連絡が入ってきたという。

「噂は早かったですね。東京の知り合いの堅気の人からでも、当日午前中にはもう電話入ってましたからね。『なんで知ってんねん』と思いましたけどね」（木山）

すでに武は時の人とは言えず、武自身も静かに死を受け入れた。当然ながら、竹中正久や、宅見勝の死が社会に与えたような衝撃などあるはずもなかった。しかし武の関係者にとって、その死の意味が日を追って重みを増すことは予感できた。そして事実、武と竹中組を巡る物語には続きがあった。

死者の残影

武の通夜、葬儀は岡山の蓮昌寺《れんじょうじ》で営まれた。竹中組の組葬ではなく、竹中家としての葬儀である。

「竹中家の葬儀にしたのは、相談役がそう決めたんやと思います。稼業の人でも親分をよく知ってはる人は（病院に）来てくれてましたけど、こっちからその筋には大々的にお知らせしてないもんでね。

加藤総長と、そのちょっと前に見舞いに来てくれはった極東（会）の吉村（光男）さんが、最後に会った組関係者です。山口組系は誰も見舞いに来ていません。加藤総長は確かお通夜の時にも来てくれはったんですよ。だから、見舞いから帰ってとんぼ返りしているはずです。葬儀の日は極東の吉村さんが来てくれはった。

山口組を破門になった人で、昼間やったら人目につくけど、個人的に夜遅う来てくれた人が何人かおりましたけどね」（木山）

髙山若頭が武に山口組復帰を拒否されて以降、山口組では竹中組との付き合いを禁じたと言われる。しかし、木山によれば事情はやや複雑である。

「お通夜の時、竹中組を出て山口組へ行った連中も、本当は花をして（出して）くれてたんですけどね。花を手配した後で電話があって、『全部外してくれ。（花を）出したら破門になる』言うんですよ。

それでも竹中組出身の山口組直参から山下（道夫・竹中組若頭補佐、当時）に『お通夜に行かしてもらいたい』いう電話があって、うちは申し出を断ったんです。『おかしなこと言わんとってくれ。花されたら破門になる言うといて、なんでお前ら通夜に来るんや。そんなことまで言われて、あんたらはいらん』言うて、うちは断ったんです。

そしたら『そんなこと言うな。若頭《かしら》（髙山清司）が行ったれ言うとんのに』と言い出すもんもおるし、どれがほんまかいうのは、今になったら確かめようがない。

若頭はあれだけの人なんやから、死人に鞭打つようなことは、しはらへんと思うけど」

真相は確かめようもないが、武が岡山で髙山の面目を潰した、という噂は以前からささやかれていた。もし髙山が組長たちに参列を禁じなかったのだとすれば、組長たちは髙山の機嫌を損ねないよう、勝手に右往左往しただけなのかもしれない。それほど髙山は恐れられる存在になっていた。そして武は死んでなお、髙山清司とその配下をひそかに威圧し続けていたのである。

ヤクザ関係者の供花が少ないなか、ひときわ目を引いたのは中野太郎の供花だった。恐らく万感の思いが込められていたに違いない。

通夜に参列した溝口敦は、印象的な追悼文を寄稿している。その一節を引用しておきたい。

「祭壇に据えられたひつぎに横たわる竹中武の顔はさすがに青白かったが、生前そのままに精力的で、面やつれした様子はまるでなかった。口と目を意志的に閉じ、何事か念じて事に立ち向かう気力さえ感じさせた。声をかければむっくり上体を起き上がらせて、あたりを睥《へい》睨《げい》するのではないかと瞬間思ったほどだ。（中略）

竹中兄弟をよく知るものは『竹中正久以上に正久的な男が竹中武だ』と言っていた。竹中正久も武の的確な判断と果断な行動力を高く買っていた。あるいは最後の『任俠ヤクザだった』と言ってもいいかもしれない」（『実話ドキュメント』二〇〇八年五月号）

筆者もこの時、溝口に同行し、武の死に顔を拝した。まさに溝口が記した通り、その表情は生気を失わず、事に立ち向かう顔つきだった。武がまだ人生を戦い終えていなかったのだとすれば、果たしてどこへ向かおうとしていたのか――。

そして今、この葬儀を振り返って木山はしみじみ言う。

「本当を言えば、自分らにしたら組葬にしてあげたかった。あれだけの親分にしては寂しい葬式やった、正直言って。ほんまは、どでかい葬式してあげたかった」

供養の日々

武を亡くした竹中組は、竹中正（竹中組組長代行）と子分たちに託されることになった。

「その後一年間はみな喪に服して組にいました。示し合わせていた訳ではなく、みなが自然にそう思っていました。暗黙の了解みたいなもんですね。

岡山の事務所には仏壇があって、一年間は親分にご飯（御膳）を上げる訳です。それをするために当番を決めてやってました。四代目の位牌もありますしね。

他の組との付き合いも一切せんようになったし、その日の当番の者がご飯を上げる、それだけです。だから当番は一人だけですわ」（木山）

組員たちは粛々と亡き親への孝行に励んだ訳だが、木山だけはその間、思いがけない親不孝をしでかすことになった。

「若い頃に世話になった人の息子が、東京のあるヤクザから八〇〇万借金したんやけど返せなくてね、『助けてくれ』と言うてきたんです。自分が電話して『竹中組の木山いう者やけど、ちょっと待ったってくれへんか』と頼み込んだんですわ。『期限は過ぎてる。待つ訳にはいかない』『そこをなんとかお願いします。最後までわしがきっちり始末つけますから』『そこまで言うなら一ヵ月待ちます』いうことになりました。

でもその息子は月末に八〇〇万できるはずが、二〇日を過ぎると電話が通じんようになって期日が来てしまった。こっちはシノギもできずに金がない。親分に墓参りして、こういうことは嫌う親分やったけど、その場で指詰めて、その指を持ったまま東京へ行きました。まさか相手も指を詰めると思わなんだんでしょう。『（指は）受け取れない』『なにが受け取られへんや。わしもヤクザしとるんや。言うたことは落とし前つけるんや』言うて受け取らせました。

自分はケジメをつけたから、その息子からもう一度『助けてくれ』と電話があった時には、『殺されるもなにも好きなようにせんかい』言うただけです。相手のヤクザにも『好きなようにせえ』言いました。

ところが、岡山へ帰っても指に包帯しとるから仏さんの皿を洗われへん。『誰か洗うてくれ』と頼みよったら、相談役に指詰めがばれてしもうたんです。『ほんまにお前はぼっこ（乱暴）やな。ひとこと言うたらなんとかしたったやないか。後先考えもせんですぐに走る男や。どこで詰めたんぞ』『親分の墓の前で』『武が生きとったら叩き殺されとるぞ』。そう言われましてね。

自分自身はヤクザの筋を通したと思ってますけど。あの二人（武と正）に付いた自分ですから」（木山）

竹中兄弟は指詰めのような行為を極力許さなかった。ケジメとしての意味では別だろうが、刺青《いれずみ》と同様、ヤクザとしての粋がりや虚勢は意味がないと考えていたのである。

たとえば武は、刺青を入れようと彫師に絵柄の相談までしていた木山に、こう諭したという。

「『ヤクザやから刺青入れるのが格好いい訳やない。むしろ入れん方が格好ええんや。ましてお前は相談役に付いとんやから』と言われてやめたんです。普通、そんなこと言う親分おらんです。我々の年代やったら（刺青を）入れてへん方が珍しいくらいですから。だからあの兄弟は三人とも（刺青は）入ってません。今やったら自分も入れんでよかったと思うてますよ」

木山の指詰めがケジメなのか、虚勢なのか、という問いに武ならどう答えたかわからないが、たやすく自分の体を傷つけるな、という竹中兄弟のいましめなのだろう。

ただし武は、そう言いながらも若い日に自分の指を落としている。倉田浩司がいきさつを語る。

「四代目（正久）のスポンサーが姫路にいたんや。パチンコ関係の社長やねん。武のおっさんは四代目に内緒でそのスポンサーから大金を借りて、そのまま返せなくなってな。それで一緒に金を借りてた牛尾（洋二）さんと一緒に指をちぎったらしいわ」

武の指詰めは、若気の至りとしか言いようのない不始末が原因だった。なにより兄の体面を傷つけたことに恐縮したのだろうが、木山もこの事実を知れば少し救われるかもしれない。

武の一年間の喪が明けると、竹中組関係者たちは木山を含めてそれぞれ再出発の時を迎えた。

「親分が亡くなって一周忌までは（組に）残っとこうと思うてました。一周忌に相談役がみなを集めて『長い間ご苦労やったなあ』と言うてくれました。相談役からそんな言葉をもらって、ほんま涙が出そうでしたよ。そないなこと言うてくれるんや思うて。で、相談役は『武がおらんようになったから組はもう終わりや。自分の道へ進みたい者は進め』言うたんです。

自分だけですわ、その時にパッと手を挙げて『堅気になります』言うたんは。一年間は喪に服したし、もしどこか（別の組に）行くんであれば相談役に言うたらええわ、思うてね」（木山）

後継選び

関西の実業家・伊崎哲也が、銃刀法違反による三年の刑期を務めて出所したのは、武が死んだ直後だった。

「服役中で親分の死に目に会えず、（刑務所の）中で泣きました。三日間、食事も取れませんでした。そこが僕の分岐点です。帰ってきて仮に親分が生きてはったら、盃を飲んでたと思いますし。本当は出所したら一番に親分と写真を撮りたかったんですけどね」（伊崎）

伊崎はしばらく自分の事業に没頭する一方、姫路で正の手助けをしようと考えていた。正久に続いて武が世を去り、竹中組の今後は正が担う番だった。

「僕は武親分の大切な形見の品をいただいています。だから竹中組のことは放っておけません。相談役（正）は『安東（美樹）に継がしたい。安東ぐらいしかおらんやろ』というようなことを僕には言ってました。親分亡き後、竹中組の人間もしんどかったし、組の活動がまともにできてなかったのは事実やと思う。僕も懲役から帰ってきたばかりで、とりあえず自分の商売に専念しながら、姫路で相談役のそばにおらしてもらった訳です」（伊崎）

武は竹中組の後継者について遺言を残していなかったが、正の意中の人物は安東美樹だったと伊崎は言う。安東はすでに一心会の盃を受けていたものの、竹中組の後継者として考えた時に、やはり安東にかわる存在は正にも思い浮かばなかったのである。

倉田浩司は次のように語る。

「正は（竹中組の後継者として）安東が欲しかったんや。姫路にある六〇〇坪の自宅を安東にやる言うてたしな。ただし一本（独立組織）で、というのが条件やった。俺は安東が（竹中組には）帰らんと聞いておったけど、それは（正には）言わんかった」

安東がまだ服役中のことだが、正の発言として「竹中組二代目に安東美樹が内定した」との情報が流れた。複数の証言から察するに、正は当事者（竹中組組長代行）として切羽詰まった思いだったのだろう。伊崎は正の胸の内を察していた。

「ちょうど商売が落ち着いてきた頃、安東さんが熊本刑務所から出て来ると聞いたんで、『僕、ちょっと走ります（迎えに出ます）』と相談役に言ったんです。

『(安東は)他の組(二心会)のもんやから行かれへんやろうに、お前がなにしに行くんぞ』

『いやいや、竹中組としてではなく、僕個人として行きますから』

相談役が安東さんに組を継がしたいという意思があるのに、出所の場に(正の)関係者がいないのはどうかなと思ったので、僕は個人として勝手に従業員を連れて熊本に走ったんです。相談役は『行かんでええ』と言いながらも、僕が車を走らせている間、一睡もせんと『今どこや』と電話をかけてきました。

安東さんの出所を出迎えて、『今日は武親分の気持ちをくんで来さしてもらってます。親分も、ご苦労やった、と言葉をかけてると思います』。そう挨拶しました。

向こうの若い衆さんに放免祝いの場へ誘われたんですが、『商売しよるもんで今日は戻ります』と断って、名刺だけ渡しとったんです。

一週間ほどして安東さんから電話がありました。

『挨拶回りで近くに来とるんです』ということで、お会いしました。

僕はこう言いました。

『自分が言うのもおこがましいのですが、相談役も跡目の話をしとりました、ご存じやと思いますけど。できたら竹中組を知らぬ存ぜぬの方が復活させるよりも、安東さんが後を継いでくれはったら、というのが相談役の気持ちやと思うんです。初めてお会いさせてもろうて生意気言いますけど』

安東さんは、

『いろいろなあ、いろいろあったんや』と言わはって――」（伊崎）

安東は出所後の平成二六（二〇一四）年四月、一心会から初代柴田会（柴田健吾会長）に移籍。柴田会長の代替わりを受け、二代目柴田会会長として山口組直系組長に上がった。柴田会長はかつて三代目山口組直系・信原組の幹部だったが、信原組解散に伴って竹中組に移籍。竹中組が山口組を離脱した後、二代目吉川組を経て五代目山口組直系に上がっていた。安東もやはり信原組から竹中組に移籍した経緯があり、二人は源流をともにしていた。その後、安東は平成二七（二〇一五）年六月、六代目山口組幹部に昇格した。

安東が順調に出世する間、山口組には大きな変化がある。

平成二二（二〇一〇）年一一月、権勢を振るっていた髙山若頭が、四〇〇〇万円の恐喝容疑で京都府警に逮捕された。安東が出所する一ヵ月前のことである。髙山は平成二六（二〇一四）年に懲役六年の刑が確定し、収監された。また司六代目は平成二三（二〇一一）年四月、髙山若頭不在の状況で出所している。

なお、渡辺芳則は平成二四（二〇一二）年一二月に神戸の自宅で死去（享年七一）。岸本才三は平成一九（二〇〇七）年に引退し、二六（二〇一四）年一月に死去した（享年八五）。

武夫人が他界したのは、武の死からおよそ二年半後の秋のことだった。武の人生にとって、夫人の支えがいかに大きかったかは、家族から内情を聞いていた関係者の証言によって明らかである。

「姐さん（武夫人）は、竹中組が山口組を出る時に最初は反対したんです。親分（武）が独立組織を維持していけるのか、親分として若い衆に責任を果たせるのか、そのことが気がかりやったんです。（山口組離脱後に）竹中組を出て行った若い衆のことも、とても心配していました。『あんな不器用な子が、食べていけるんやろか』というような話をよく親分としてたと聞いてます。

けれども後年、山口組から復帰の誘い話が出た時には、奥さんは親分に向かってきっぱり言うたんです。『今まで意地を張り通して一本（独立組織）で来たのが、あんたの価値や。ここで（山口組に）戻ったら、あんたの価値がなくなる』言うてね。親分も『そんなことは、わかっとんがな』いう気持ちやったと思いますよ。

組のことで親分が奥さんに指図されることはあり得へんかったけど、それでもこういう一言は、親分がなにかを決断する時に気持ちの支えになりまっしゃろ。今まで自分のしてきたことを奥さんがわかってくれている、いう証《あか》しやからね」

武夫婦の関係性を物語るエピソードとしてこれ以上のものはないだろう。十代の半ばから、ひと時も離れずに武と連れ添った同伴者は、武の戦いのすべてを理解し、見届けてから旅立った。

竹中組復活

六代目山口組から反弘道会グループが脱退し、神戸山口組を結成したのは、平成二七（二〇一五）年八月のことだった。神戸山口組は井上邦雄（四代目山健組）を組長に立て、副組長・入江禎（二代目宅見組）、若頭・寺岡修（俠友会）などを中心に一三人の直系組長でスタートしている。分裂前に七二あった六代目山口組直系組織のうち、組織数で約二割、組員数で約三割が脱退したことになる。六代目山口組は神戸山口組の幹部七人を破門、あるいは絶縁処分に付したが、現在まで両組織は小競り合いを繰り返しながら並存している。

その分裂直後の九月初旬、六代目山口組は竹中組を復活させた。そして二代目柴田会会長だった安東美樹が二代目竹中組組長の座に就いた。山口組四代目・竹中正久が創設した名門組織の復活だけに世間は瞠目し、そして当然ながら、様々な受け取り方がなされた。

元竹中組組員・木山修造は言う。

「自分らからしたら安東さんは凄い人です。山広邸を襲うのに警官まで弾いてね。竹中組の名前を残すんだったら、安東さんが継ぎはったらいい。あれだけ苦労されてますから。組のために長い長い懲役にも行ってはります。安東さんをおいて他に継げる人はいない。自分はそう思います。（六代目）山口組から組を継げと言われれば、他の者では継げん。竹中組と全然縁のない人では意味がないですからね。

安東さんが熊本の刑務所へ行ってる時に、中で四代目を弾いた人間（元一和会・長野修一）と知り合うて、その人を殴ったかなんかしてはるしね。四代目が亡くなられて何年も経ってるのに。相談役も言うてました。『安東が（刑務所の）中でやっとるがえ』とね。そこまで安東さんは組のことを思うてはったんです。

ただ、安東さんが竹中組を継がれた時に、（柴田会と縁のない）自分らも元竹中組と言えるようになるのか、どない言うたらええんやろ、いう気持ちがありますけどね。それはこっちの気にし過ぎで、安東さん自身はそんなこと思われへんでしょうけどね」

木山は、竹中組の後継者は安東しかいないという立場である。とはいえ、かつて竹中組に在籍した組員から見れば、安東以外の組員、つまり柴田会の組員がそのまま二代目竹中組を名乗ることに、戸惑いと抵抗があっても不思議ではない。「自分らも元竹中組と言えるようになるのか」という木山の言葉が、そうした複雑な感情を物語っている。

溝口敦は竹中組の復活に反対論を唱える。

「僕は竹中組なんか復活しなくていい（と思う）。竹中武という人間は自分の胸の中に生きている。（二代目竹中組という）組織で竹中武とつながるようなことは、（武にとって）かえってマイナスの影響があるんじゃないか。たとえば清水一家にしろ、現実に後身団体があるということは次郎長の思い出を汚すことにもなり、二代目竹中組があれば竹中武の名前を汚すこともあるだろう。竹中正久の思い出も汚されることがあるだろう。（竹中兄弟の記憶は）現実の支えなんか必要としていない。そう思ってるんですよ」

竹中組はあくまでも正久と武のものであり、勝手に復活させれば竹中兄弟の名前に傷がつきかねない、と溝口は言う。なお、静岡市に本拠を置く六代目清水一家は、平成一九（二〇〇七）年に山口組直系・二代目美尾組（高木康男組長）が改称した組織である。清水一家は、幕末から明治にかけて活躍した侠客・清水次郎長が初代であり、一方、二代目美尾組の高木組長は闇金融事件で逮捕されている。そのため、清水一家の復活には地元住民から反対運動が起きた。

さらに溝口は、竹中組の復活を決める権利が誰に帰属するのか、という問題も提議する。

「竹中家の娘（武の長女）が（竹中組の復活に）反対しているんだから、それはやっちゃいけないことですよ。本来的に娘は、『司忍という人はなぜ復活を許すなんて言えるんだ』という考え方で、（司の指示には）なんの根拠もないと僕は思いますよ」

竹中兄弟を古くから知る元捜査員も、竹中組の継承に否定的である。

「やっぱり竹中言うたら、ヤクザの中でも全国的に名前が通っとるからね。そやから竹中（正久）が殺された後、全国のうちのもん（警察関係者）から聞いてみたら、『やっぱりあの親分は大したもんやった』と、みなそう言いまんがな。武もほんまの侠客やった。襲名いうのは厳格な儀式やからな。それ（披露目の儀式）をなんにもなしにやったら、単に表札を変えるみたいなもんや。安東（美樹）も四代目（正久）と武の後を継ぐには軽過ぎやろ」

竹中組の内情に詳しい倉田浩司は次のように言う。

「（武が死んだ後）組を続けられる実業家が残っていなかったわな。みんな博打うちやから、仕事（シノギ）ができんもん。かと言って安東（美樹）は、正が望んでも竹中組継承を断ったんやから、二代目になれる立場やない」

伊崎哲也は、武の真意を次のように推察する。

「『安東は（竹中組のために）長い懲役に行っとるんじゃ』というような（感謝と慰労の）言葉は、武親分がビデオ（『武闘派極道史竹中組　組長邸襲撃事件』、武がナレーターを務めた）で語っています。だけどその後のこと、つまり竹中組を安東に継がせる、というようなことは言っていなかった。相談役も遺言を聞いていなかったから、（武の真意は）わからぬままというのが実際やと思います。

もし安東さんに継がそうと思ってたら、親分もその言葉を遺言にしてたと思う。それで僕が解釈した範囲では、『ヤクザは終わったぞ、竹中組はもうないんやぞ』と親分は考えていたんじゃないかと――。だから跡目は作らなかったんじゃないか。

親分も交通事故とかで（突然）死んだ訳じゃないので、お嬢さんにも、（武に）付いて世話をしていた人間にも後（後継者）の話がなかったということは、これで幕を閉じる方向やったのかなと」

続けて伊崎は、その考えに至った理由を語る。

「竹中組を途中で抜けた人とは今でも連絡を取ることがあります。なかには堅気になって仕事してる人もおるけど、別の組に移って『伊崎な、（竹中組では）飯が食えんのじゃ』と言う人もいますよね。それも一理ある。だから『食えんのじゃ』という言葉が出るからこそ、そういう人がヤクザだったんですよね。食うために代紋が欲しかったんですよね。僕らみたいに自分だけで生きていく人間は代紋を必要としないんで、その違いなんやな、ということをわかるようになりました。

『雨風が当たらんように、大きな傘の下に入っておけば濡れないやろ』という人たちが正直なところ（ヤクザには）多いと思うんです。懲役に行っても『どこどこの（組の）、なになにじゃ』言うて、（代紋の力で）どついて（威張って）きたんが関の山で、みな（本当は）弱い。『なんとか自分にはとばっちりが来んように』という人たちが大半やと思うんで。

ただ、ある人にこんなことを言われたんです。

『自分は竹中組を出て違う組織（山口組の二次団体）に行った。そこで武親分に教えてもらったことを下の者に教えてきたら、そいつが代を取れた（二次団体の直参に上がった）んやぞ』

と。つまり、竹中武の教えを若い者に広めることが自分の生き方や、というんです。そう言われた時に、自分と方向性は違っても、それはそれで（生き方の）一つなんやなとわかった。他人をどうのこうの言う問題じゃなくて、いろいろな生き方があることをわかっていて、（竹中組から離脱した組員にも文句を）言わなかったのが親分やったんやなと。だから親分はすべて（の人を）許すと思うんです。ただ許さなかったのは自分だけなんですね。だから意地を張った。『わしは兄貴を思うから山口組を出る。若い奴は竹中組を出たらええ。行かんかい』ということでしょう。

一番辛くて、一番大切なことは許すことなんやな。ただ、許すからこそ大勢になびくんじゃなくて、自分は自分だというものを持ってはったのが親分なんやろな。

だから無理して跡目を作らなかったと思う。『こんなしんどい思いせんでもええ。わしで最後や』思うて口を閉ざしとったんかなあと、（武が死んでから）時間が経って、いろんな流れが見えてきたら、そういうことやったんやろうなと思う」

伊崎は山口組分裂後にも安東美樹と会い、こう問いかけたという。

「（二代目竹中組の件で）山口組分裂の矛先《ほこさき》を向けられませんか」

つまり二代目竹中組の復活は、六代目山口組と神戸山口組の政争の具にされるのではないか、六代目山口組の正統性を主張する宣伝に使われるのではないか、という意味である。

するとと安東はこう答えた。

「ちょっと（継承する時期が）早過ぎるようやけども、上から（指示を）向けられたら、わかりました、しか言われへんのや」

「それが竹中ファンや、竹中兄弟をよく知る者にとっては物足りなかったんでしょう。なんでも『へえへえ』言うとんじゃあかんやろ、『へえへえ』のなかでも、『ちょっと待たんかい』と言ったのがあの（竹中）兄弟やぞ、ということでしょう」（伊崎）

竹中組は復活したものの、好意的な反響ばかりとは言えない。とりわけ竹中家が拒否反応を示したことは、安東にとって憂慮すべき事態だろう。武の死後、竹中家の代弁者的な役割を担っている伊崎哲也は、山口組本家の権利問題をどう解決するかが重要だと言う。その証言を再度確認しておく。

「お嬢さん（竹中家の長女）は、誰が竹中組を継いでもええ、きっちりそのこと（本家の権利問題）を（処理）してくれる人が継いでくれたらええ、と言ってたんです」（伊崎）

竹中家は、竹中組が山口組本家に対して所有する権利を清算してほしい、と強く願っていたのである。竹中家に近い関係者が言う。

「今度は安東さんが（竹中組を）継いだのに、やっぱりなんの動きもない。安東さんにしてみたら（六代目には）言いづらいことやろうけど、重たい口でも『（山口組）本家の件を頼んます』と言うてくれたら、こないなこと（継承問題で竹中家ともめること）にはなってない。武親分の身内にしてみたら『どないなっとんねん』ということです。

ましてや山口組が返した四代目の仏壇が岡山にある訳なんで、『（二代目竹中組の事務所に）持って帰らせてください』と安東さんが（竹中家に）言えたらもっとよかったのに、それがなかったからちょっともったいなかった」

遺志はいずこに

仮に武が存命であれば、竹中組復活をどう見ただろうか。

ここまで見てきた通り、武の気がかりは懲役に行った若い衆の処遇だった。山口組離脱以降、どんな状況であっても「懲役に行った若い者をちゃんとしたってくれ」と関係者に訴え続けてきた。たとえば正久の一七回忌では岸本才三に、山口組本家の権利問題で揉めた時には山之内幸夫に、それぞれ服役者への配慮を訴えている。

山一抗争を例にとると、「無期を懲役二十年と計算すれば、竹中組だけでも合わせて三百年の懲役になる」（『山口組四代目　荒らぶる獅子』）という。その後には山竹抗争などの当事者も服役している。

本来、親分である武の責務は彼らの出所を迎え、労に報いることである。武が死期を悟った時に頭をよぎったのは、服役した若い者に対する責務と、それを全うできない現実の落差だろう。我が身が消えても、服役者に報いる組織が存在することを強く願ったはずだ。その意味では、竹中組の復活を武は歓迎したことだろう。

もちろん武は山口組分裂という事態を予測できなかった。しかしたとえ政争の具という側面があったにせよ、あるいは竹中家に対する筋の通し方が間違っていたにせよ、事態の改善が手遅れになった訳ではあるまい。司忍と安東美樹がその気になって取り組めば、二代目竹中組は服役者に報いる場となり得るし、竹中家に報いることもできよう。それが武の望むところだと思える。

武は髙山清司との関係が決裂した後も司忍を信頼し、安東にも報いたいと言い続けていた。司が安東を竹中組の後継者と認めたことに、武も異論はないだろう。

さらに言えば遺言を残さなかった武は、竹中組の行く末を司に託していたとも考えられるのだ。なぜなら武は前記した通り「六代目が（刑務所から）出てきたらうち（竹中組）は変わるぞ」と、木山修造に告げているからである。また出所後の司も武の遺志に沿うように安東に目をかけ、結果として竹中組復活を果たしている。

ただし武が存命であれば、竹中組復活より山口組分裂の解決が先だ、と主張したに違いない。これは竹中組復活の是非ではなく、時期の問題である。武は正久暗殺後、五代目選びより一和会へのケジメが先だと主張して譲らなかった。現在はその状況に近い。そして武は分裂した両組織の仲裁を買って出たことだろう。有事の際には武のように厳格で利害にとらわれない仲裁者がどうしても必要なのである。その上で司忍には当代としての公正さと寛容を説き、井上邦雄には盃の重みを説いたのではないだろうか。

武はすでに幽明境を異《こと》にし、すべては生きている者が担うしかない。武が司に託した判断が正しかったか間違っていたかは、武がいない現実の世界で、これから答えが出されることになる。

今や竹中組はおろか、六代目山口組も神戸山口組も含め、ヤクザ全体の存亡が問われている。大半の要因はヤクザの自業自得に帰するのだが、もとより、暴力団という呼称が定着した時点で、いずれは社会から排除される存在と位置づけられていたのだろう。「強きをくじき、弱きを助ける」という、かすかに残されていたヤクザ神話は崩れ去り、暴力団として見境のつかない凶暴さと、際限のない欲深さを印象づけられたのである。現実にヤクザから名を変えた暴力団も、開き直ったかのように与えられた印象通り振る舞い、今日に至った。やせ我慢を放棄した無法者たちの周辺には、もはや寒々とした風景しか見出せない。

そんな時代に、明快過ぎるほどヤクザらしくあろうとした竹中武という男を思い起こせば、ヤクザをひとまとめで暴力団と呼ぶ習慣に、怪訝《けげん》な思いを抱く日本人が少しだけ増えるかもしれない。

付記

武の薄れゆく意識の中に、見知った者たちの顔が次々と浮かび、消えていく。死なばもろともと誓い合った盟友、逆境にも付き従ってくれた若い衆、背を向けて離反していった仲間、生涯を賭けてつけ狙った仇敵――。武はすべての顔を懐かしいと感じた。

ふいに、兄・正久の顔が鮮明に浮かんできた。武にはどうしても聞いておくべきことがあったのだ。

「兄貴、わしは男として死ねるんじゃろうか」

もう思うように声は出せなかったが、ありったけの気持ちを込めて問いかけた。

わずかにほほ笑んだ正久が、力強くうなずく。

武は、ほっと安心したように深い眠りにつき、二度と目を覚ますことがなかった。

――平成二〇（二〇〇八）年三月一五日未明、正久の死から二三年の時を経て、武は後を追った。享年六四。

［章扉写真提供］

村上劇画プロ（序章、第一、六、九、一二章）

眞弓準（第七章）

共同通信フォト（第二、四、五、八、一〇、一一章）

【著者略歴】

牧村康正（まきむら・やすまさ）

1953年、東京都生まれ。立教大学法学部卒。竹書房入社後、漫画誌、実話誌、書籍の編集、映像制作などを担当。実話誌編集者として山口組などの裏社会を20年にわたり取材した。2011年、同社代表取締役社長。2013年よりフリージャーナリストとして活動する。著書に『「宇宙戦艦ヤマト」をつくった男　西崎義展の狂気』（山田哲久氏との共著、講談社刊）がある。

「ごじゃ」の一分《いちぶん》
竹中武　最後の任侠ヤクザ

2017年4月25日　第1刷発行

著　者……………………牧村康正《まきむらやすまさ》

©Yasumasa Makimura 2017, Printed in Japan

発行者……………………鈴木 哲
発行所……………………株式会社講談社
東京都文京区音羽2丁目12－21［郵便番号］112－8001
電話［編集］03－5395－3522
［販売］03－5395－4415
［業務］03－5395－3615
印刷所……………………慶昌堂印刷株式会社
製本所……………………黒柳製本株式会社
図版作製………………朝日メディアインターナショナル株式会社

定価はカバーに表示してあります。
落丁本・乱丁本は購入書店名を明記のうえ、小社業務あてにお送りください。送料小社負担にてお取り替えいたします。なお、この本の内容についてのお問い合わせは第一事業局企画部あてにお願いいたします。
本書のコピー、スキャン、デジタル化等の無断複製は著作権法上での例外を除き禁じられています。本書を代行業者等の第三者に依頼してスキャンやデジタル化することは、たとえ個人や家庭内の利用でも著作権法違反です。

ISBN978-4-06-220607-5　N.D.C.361　338p　19cm

講談社の好評既刊

横尾宣政
野村證券第2事業法人部
稼げない者に生きる資格などない――。バブル期の野村證券でもっとも稼いだ男が実名で綴る狂騒の日々。幾多の事件の内幕にも迫る
1800円

國重惇史
住友銀行秘史
あの「内部告発文書」を書いたのは私だ。実力会長を追い込み、裏社会の勢力と闘ったのは、銀行を愛するひとりのバンカーだった
1800円

橋本　明
知られざる天皇明仁
「世襲の職業はいやなものだね」。学友にしてジャーナリストの著者が綴った天皇の素顔と肉声。生前退位問題の核心に迫るための一冊
1850円

清武英利
プライベートバンカー
カネ守《も》りと新富裕層
国税vs.日本を脱出した新富裕層。野村證券OBの主人公が見たのは、「本物の大金持ち」の世界だった。バンカーが実名で明かす！
1600円

山崎　拓
YKK秘録
なぜ小泉純一郎は首相になれたのか？　なぜ加藤紘一は時局を見誤ったのか？　政界の中枢にいた男が綴る「迫真のドキュメント」！
1800円

近藤大介
活中論
巨大化&混迷化の中国と日本のチャンス
親日の「新しい中国人」は3億人超へ。トランプ米国と権力闘争に明け暮れる中国、激変する日米中関係から日本のチャンスを探る
1300円

表示価格はすべて本体価格（税別）です。本体価格は変更することがあります。

講談社の好評既刊

マイディー
ファイナルファンタジーXIV
光のお父さん
ずっとすれ違い続けてきた父子が、オンラインゲームの中で出会った。でも父は、それが息子とは知らない。笑いと涙の親孝行実話！
1800円

増田海治郎
渋カジが、わたしを作った。
団塊ジュニア&渋谷発ストリート・ファッションの歴史と変遷
「渋カジ」とは一体何だったのか。当事者への取材から初めて明らかになる歴史的事実が満載の一冊。団塊ジュニア世代は感涙必至！
1600円

大塚英樹
作らずに創れ！
イノベーションを背負った男、リコー会長・近藤史朗
試作レス・コスト半分・未来を売る——imagio MF200で世界を席巻、伝説の経営者が語る「モノを売らずに儲ける」方法
1500円

半藤一利
文士の遺言
なつかしき作家たちと昭和史
あの戦争・戦後とは何だったのか？ 安吾、司馬、清張……知られざる作家の肉声、創作秘話が炙り出す、もう一つの「昭和秘史」！
1600円

眞並恭介
すべての猫はセラピスト
猫はなぜ人を癒やせるのか
セラピーキャットの「ヒメ」を撫でると、病に苦しむ人が笑顔を見せる。猫の持つ癒やしの力の謎に迫る。かわいい猫の写真がいっぱい
1300円

マーク・オーウェン
ケヴィン・マウラー
熊谷千寿 訳
NO HERO
アメリカ海軍特殊部隊の掟
ビンラディン暗殺の全真実を実行兵が語り尽くした全米大ベストセラーにして、問題作の続編。米海軍特殊部隊の進化が明かされる！
1800円

表示価格はすべて本体価格（税別）です。本体価格は変更することがあります。

講談社の好評既刊

藤 裕美
あなたの眼鏡はここが間違っている
人生にもビジネスにも効く眼鏡の見つけ方教えます
眼鏡のスペシャリストが長年のスタイリング技術で培ったノウハウをわかりやすく解説。「人生を変える眼鏡」が必ず見つかる！
1500円

エディー・ジョーンズ
ハードワーク
勝つためのマインド・セッティング
W杯で日本中を熱狂させたラグビー元日本代表ヘッドコーチが、チームを勝利に導くための方法論を自らの言葉で語った一冊
1400円

三田紀房
マンガでわかるお金の教科書
インベスターZ ビジネス書版 vol.1
世の中を動かす「お金」のルールを知れば、仕事でも人生でも迷わず勝利を手にできる。「お金」のビジネススクール、ついに開講！
1200円

越川慎司
新しい働き方
幸せと成果を両立する「モダンワークスタイル」のすすめ
だから日本企業の働き方改革は失敗する。5年間で80万人超が殺到、「ワークスタイル変革の聖地」で実践されていた〝方法〟とは？
1400円

関 容子
客席から見染めたひと
この人たちの「舞台」を見よ。芸に作品に注目せよ。現代劇から伝統芸能まで、当代を代表する16人の素顔に迫る贅沢なインタビュー
2200円

木村 清
マグロ大王 木村清
ダメだと思った時が夜明け前
開店15年で大成功を収め、築地を代表する寿司店となった「すしざんまい」。苦難と波乱に満ちた人生を語る、感動のビジネス人生訓！
1400円

表示価格はすべて本体価格（税別）です。本体価格は変更することがあります。